백두대간의
역사

백두대간의 역사

장성규 지음

한국학술정보㈜

　백두산을 모르는 한국 사람은 아마 없을 것이다!

　그러나 백두산을 꼭 백두산이라고 불러야하는 이유를 아는 사람은 드물 것이다. 백두산에 대해 잘 모르면 백두대간은 더 어려운 문제로 다가온다. 백두대간은 뭘까? 막연한 생각은 들지만 의미가 분명하지는 않다. 필자도 그런 사람 중의 하나였다.

　평소 전통지리학의 체계화에 관심이 많던 필자는 어느 날 『택리지』의 전통지리학적인 측면을 검토하다가 실학시대의 저술들과 비교하게 되었다. 이수광의 『지봉유설』, 이긍익의 『연려실기술』, 안정복의 『동사강목』 반계와 다산의 여러 저술, 여암의 전통지리관련 저술, 이익의 『성호사설』 등을 읽어나갔다. 그 책들 중, 『성호사설』 「천지문」편에서 백두정간이라는 백두대간보다 더 생소한 소제목과 대면하게 된다. 「천지문」편은 잘 알려져 있지 않지만 『성호사설』의 첫 편으로 천문과 지리에 대한 이익선생의 사고의 편린을 볼 수 있는 귀중한 자료이다. 『성호사설』은 후대의 이중환의 『택리지』, 신경준의 『산수고』, 『산경표』, 김정호의 대동여지도 등에 많은 영향을 미친 방대한 저작물이다. 백두정간(白頭正幹)조의 일부를 살펴보자. 아직도 그 첫 장을 열던 감회가 새롭다.

백두산은 동방산맥(東方山脈)의 조종산이다. 철령에서부터 서쪽으로 뻗은 여러 가지가 모두 서남쪽으로 달렸다. 철령에서 태백산과 소백산에 이르면 하늘에 닿도록 높이 솟았는데, 이것이 정간(正幹)이 되고 그 사이에 있는 여러 줄기는 모두 서쪽으로 달려갔으니, 이것이 술가[풍수]에서 말하는, '양류지(楊柳枝)'라는 것이다. 즉, 산이 다한 곳에 물이 모여든 형국으로, 거친 살기가 자취 없이 벗어진 것이다. 왼쪽으로는 동해를 옆에 끼고 있어 큰 호수처럼 정해지니 백두대간(白頭大幹)과 더불어 그 시작과 끝을 같이하였다.

위의 글을 만나지 않았으면 이 책자는 세상에 나올 수 없었을 것이다. 백두정간과 백두대간이 동시에 언급된 문헌은 필자를 더욱 헷갈리게 했고 백두대간 연구는 여기에서 시작되었다. 우선 백두산의 어원과 정간, 대간, 정맥의 어원과 용례부터 찾기 시작했다.

그러나 우리나라의 문헌만으로는 그 실체를 찾기가 어려워 중국쪽의 자료를 찾기 시작했다. 백두의 의미는 중국학자들의 갑골학 연구에서 많은 힌트를 얻었다. 대간, 정간, 정맥의 중국과 한국의 사용례 확인은 컴퓨터의 도움을 받았다. 그 방법은 오로지 『사고전서』와 『고금도서집성』 등 중국과 한국의 고문헌 자료를 검색을 통해 사용된 문장을 찾아내고 그 중에서도 산과 연결된 것만을 취합하였다. 이것은 정말로 모래사장의 바늘 찾기보다 지난한 일이었고 많은 인내와 시간이 필요했다. 컴퓨터와 중국학 전문가인 진국동님의 도움으로 무사히 이 부분을 메워 나갈 수 있었다. 적어도 이 작업은 컴퓨터 기술과 한 인간의 집념이 없었으면 불가능한 일이었다. 백두대간 연구에 몰입하여 그와 수많은 밤을 하얗게 새운 끈질긴 작업 끝에 얻은 결실 그 자체였다.

그동안 우리는 아무런 의심이나 확인 없이 백두대간이라는 용어를 사용하고 있었다. 심지어 필자 자신도 그랬다. 적어도 이 연구를 시작하기 전에는. 이제부터는 백두산과 백두대간의 의미를 알고 백두산과 백두대간에 많은 사람들이 더욱 관심을 가져야 할 것이다.

역사적으로 백두산이란 산명이 최초로 사용된 문헌은 일연의 『삼국유사』이다. 그리고 백두산은 한국에서만 쓰는 이름이고 중국에서는 오늘도 장백산으로 부르고 있다. 한자의 의미를 해석하면 백두산과 장백산은 동일한 의미인데도 중국인들은 장백산만을 고집한다.

장백산이든 백두산이든 그 속에는 최고의 산이라는 뜻이 있다. 동이족인 우리조상들은 산 위에 흰 눈이 쌓여서 그렇게 부른 것이 아니라 산중의 산, 영험한 민족의 고향, 하느님의 아들 환웅이 홍익인간하려고 내려온 곳이라 그렇게 부른 것이다. 이런 백두산을 우리는 반드시 찾아야만 한다. 고구려 건국이념인 다물정신을 들지 않더라도 우리의 고토는 회복되어야한다. 그러나 백두산도 동이족의 고대 역사도 우리의 고토도 이미 중국의 것이 된지 오래이다. 다만 언젠가는 찾아야 될 역사와 고토이므로 이에 대한 역사적인 연구는 계속되어야 한다. 우리가 지키려는 독도가 하나의 점이라면 잃어버린 역사와 고토는 광활한 대륙이기 때문이다.

백두산과 백두대간에서 내려와 성호 이익의 시각으로 다시 『택리지』 산수편을 읽으니 백두대간의 개념을 갖고 쓴 것으로 보이는 부분이 보이기 시작했다. 이어서 신경준의 『여지고』와 『산수고』를 비교, 검토하기 시작했다. 그 결과 이 책들이 전부 백두대간을 설명하고 있다는 것을 알게 되었다. 전혀 별개의 책이지만 그 속에는 백두대간의 체계가 그 바탕에 깔려있었던 것이다. 그리고 마지막으로 우리나라의 산을 도표로 정리한 『산경표』에 이르러 전통지리학의 체계인 백두대간체계가 완성된 것을 확인할 수 있었다.

이제, 『성호사설』「천지문」편에서 출발한 여정이 『산경표』에서 끝났다. 그 과정에서 참으로 많은 것들이 흘러갔다. 대간의 의미를 파헤치다가 삼조사열설에 말려들고, 중국 금고문 논쟁의 복판에 서고, 다산 선생의 대동수경과 상서학 연구에 까지 빠져들고, 조선 시대 당파의 절정인 예송논쟁에도 휘말리고……

그 가운데 권시선생의 국가계통도 분석을 통해 대간과 정간의 의미상의 차이를 확인하고, 여암과 다산이 한국 전통지리학의 한 축을 이루고 있다는 것을 확신하고, 백두대간에 대한 이해가 없이 한국의 전통사상인 풍수지리를 논하기는 어렵다는 것을 통감하고, 마침내 대간과 정간은 중국과 한국에서 공히 산줄기와 물줄기를 상호 통합한 전통지리학의 산수체계로 인식하고 사용하였음을 파악하였다.

다만 아쉬운 점은 애초에 의도한 백두대간을 둘러싼 현실적인 당대의 논쟁부분을 여러 가지 제약으로 포기한 것이다. 그리고 산경표의 산맥 순서와 대동여지도의 산맥 순서는 반드시 일치하지 않는다는 것을 확인했으나 본격적인 분석은 시도하지 못했다는 점이다. 아마 언젠가는 이런 아쉬움을 정리하는 날이 올 것이다.

고지도의 촬영, 스캔에 협조해 준 정중현님과 자료의 검색과 분류작업에 헌신해준 진국동님께 감사드리며, 항상 못난 제자를 가르쳐주시고 사랑해주시는 송곡스승님께 이 작은 책자를 올린다. 백두대간의 중요한 마루금을 오르내리며 인생과 진리를 가르쳐주신 스승께 다시한번 고개를 숙인다.

2008년 11월
봉황산에서 광도 근서

|목차|

I. 서 론

본 저술은 근대 이전의 한국의 산수체계(山系 및 水系)를 포괄하는 중심개념인 백두대간 용어의 기원을 확인하고 고지도를 통해 우리 조상들의 백두대간에 관한 인식을 살펴본 것이다.

백두대간이라는 용어는 이익의 『성호사설』에 처음 나타난 후, 『산경표』에 본격적으로 등장하며 구한말까지 쓰였다. 그러나 일제강점기를 맞아 한민족의 상징인 白頭山과 한국 고유의 산수체계인 白頭大幹은 한민족의 기억 속에서 사라지게 된다.

최남선에 의해 조선광문회에서 간행된 『산경표』가 1980년대에 이우형에 의해 발견되면서 백두대간이라는 용어가 다시 사용되기 시작하였다.

그러나 이 용어는 일반 광고에까지 등장하였지만 정확한 의미나 연원에 대해서는 충분한 연구가 이루어지지 않았다. 백두대간에 대해 알기 위해서는 백두대간이라는 용어가 지닌 역사적 연원이 우선적으로 검토되어야 할 것이다. 백두대간은 「백두대간 보호에 관한 법률」에서 보듯이 법률의 명칭에도 사용되고 있다. 따라서 이 용어에 대한 학술적인 개념의 파악과 정립은 필수적인 사항이다.

백두대간의 연원을 살피기 위해 먼저 한국의 산과 산맥의 뿌리로 인식되어 온 백두산이 지니는 역사적 의미를 살펴볼 필요가 있다. 백두대간은 백두산이라는 산의 명칭이 생긴 이후에 등장한 개념이기 때문이다.

현재 일반적으로 통용되고 있는 백두대간의 의미는 다음과 같다. 白頭大幹에서의 白頭는 白頭山에서 유래된 말이며 大幹이란 큰 줄기를 뜻한다. 다시 말하여 백두대간이란 백두산에서 시작하여 계곡이나 강을 건너지 않고 큰 줄기만으로 지리산까지 이어지는 산줄기를 뜻한다. 즉 백두대간은 우리 땅의 근간을 이루는 한반도의 등성마루이며 이것은 곧 한반도 전체가 하나의 대간체계로 이어져 있음을 뜻한다.

즉 백두대간체계는 2개의 正幹과 12개의 正脈으로 갈라지면서 한반도 대부분의 산을 포함하는 개념을 갖는다. 즉 백두산을 뿌리로 하여 1대간, 2정간, 12정맥이 나무의 줄기와 가지처럼 펼쳐져 있는 것을 뜻한다.

백두대간이 완성된 개념으로 알려진 것은 신경준의 연구에 의해 『여지고』와 『산수고』가 완성되고 그 후, 1800년경에 『산경표』가 등장하면서부터이다.[1] 『산경표』는 족보 형식의 책인데, 이 책에는

---

1) 『산경표』의 저자는 신경준으로 알려져 있으나 양보경은 그의 논문에서 확실한 것은 좀 더 연구가 필요하다고 하였다. 그 이유는 『輿地便覽』이라는 제목의 6권으로 된 朝鮮地圖책이 존재하며, 최남선이 1913년에 『산경표』를 발행하면서 「山經」을 바탕으로 하였지만 편찬자는 알 수 없다고 하였기 때문이다. 그러나 본 연구를 진행하면서 『여지고』, 『산수고』와 『산경표』의 내용을 대조해 본 결과, 『여지고』의 「山川」, 『산수고』의 「山經」, 그리고 『산경표』의 체제와 백두대간의 순서 등이 거의 같고 『여지고』나 『산수고』를 보지 않고서 『산경표』를 만든다는 것은 거의 불가능에 가깝다는 결론에 도달하였다. 다만 『산수고』에는 大幹, 正幹의 명칭은 보이지만 正脈이라는 명칭이 등장하지 않는다는 점이 차이라고 할 수 있다. 그러나 중국과 한국의 문헌을 확인해 보면 大幹, 正幹, 正脈 등의 용어는 그전부터 쓰였고, 정맥에 쓰인 10대 강의 명칭은 『산수고』의 「水經」에 자세하게 나와 있음을

12

백두대간, 장백정간, 낙남정간, 그리고 12정맥의 계통이 잘 나타나 있다. 산줄기의 순서 역시 백두대간의 북쪽으로부터 갈라진 차례대로 순서를 정했다. 산명으로 된 것은 백두대간, 장백정간 등 두 개이고 해서정맥과 호남정맥은 지역명이며 나머지 11개는 강 이름에서 따와 그 강의 남북으로 위치를 표시하고 있다.[2]

따라서 정맥은 산줄기의 높이나 규모 등과 반드시 일치하지는 않는다. 낮은 평야의 구릉지대라도 한강 남쪽 유역을 나누는 능선이면 중요한 한남정맥의 줄기로 본다. 하나의 대간과 두 개의 정간 그리고 12개의 정맥, 여기에서 갈라진 줄기로 이 땅을 가늠한 『산경표』는 이 땅의 모든 생활영역의 자연스러운 구분을 짓고 있다. 거주양식과 식생활의 차이, 언어권의 분포, 상권과 오일장의 권역 등이 『산경표』의 산줄기로 쉽게 이해될 수 있다.

산지가 국토의 70퍼센트를 차지하는 한국에 있어서 산을 옳게 인식하는 것은 곧 국토를 옳게 인식하는 출발이자 끝이라 할 수 있다. 조선시대 사람들은 산을 물줄기처럼 끊어지지 않은 맥으로 보았다. 산과 강이 공존하여 산은 물을 낳고 물은 산을 나누지 않는다고 여겼다. 그리하여 비록 높은 두 산이 이웃해 있어도 사이에 물이 있으면 산줄기는 끊어진 것으로 보았고, 반면에 평탄한 지역의 구릉이나 평야지대라도 지맥이 흘러 바다까지 이어진 것으로 보았다. 이것은 한국의 모든 산이 그 고저를 가리지 않고 나무의 가지와 줄기처럼 백두산으로 이어진다는 전체적인 국토인식을

볼 때 적어도 신경준의 제자이거나 그의 문인이 신경준의 유업을 이어받아 만든 것이라고 볼 수 있다.
2) 뒤에서 자세히 다루겠지만, 산줄기의 이름을 강에서 주로 취했다는 것은 산과 물이 따로따로가 아니고 같이 연결된 개념으로 파악한 山水體系임을 엿볼 수 있다.

뜻한다.

이 땅의 산줄기가 백두산과 연결된다는 개념은 한국 전통지리인식의 바탕이었다. 『성호사설』의 이익과 『택리지』의 이중환, 『여지고』와 『산수고』의 신경준, 대동여지도의 김정호 등이 이러한 전통지리인식에 바탕을 두고 지리서를 쓰고 지도를 만들었다.

백두산은 중국에서는 장백산이라고 부르지만 2006년 문화부가 정한 우리민족의 100대 상징 안에 백두산과 백두대간이 모두 포함되어 있다. 본서에서는 이런 백두산과 백두대간을 우리조상들은 어떻게 인식하였으며 현대의 우리들에게는 어떤 의미가 있는지를 주로 살펴볼 것이다.

연구방법은 백두산과 백두대간이 쓰인 중국과 한국의 고문헌에 대한 조사와 고지도의 분석을 주로 할 것이다. 이를 통하여 백두대간에 대해 역사지리학적으로 검토하고 국토를 산과 물이 어우러진 하나의 산수체계로 인식한 한국인들의 지리관을 돌아보는 계기로 삼고자 한다.

Ⅱ. 백두산과 백두대간의 명칭과 문화상징

1. 백두산 명칭의 유래

백두산 명칭의 유래와 관련해서는 대체로 다음의 세 가지 학설이 있다.

첫째는 백두산이 여름을 제외하고 일 년 내내 정상이 흰 눈으로 덮여 있기 때문에 하얗게 보여서 백두산으로 불린다는 설이다. 『신증동국여지승람』 경성도호부 산천조를 확인하면, 백두산에 대한 설명에서 흰 눈 때문에 백산으로 불렀다고 기술되어 있다.

> 백산(白山)은 부의 서쪽 1백10리에 있다. 산세가 매우 험하여 5월이 되어야 눈이 녹으며, 7월이면 다시 눈이 쌓인다. 산꼭대기의 나무는 키가 낮고 작다. 그 지방 사람들은 장백산(長白山)이라고도 부른다.[3]

실학자 유형원은 『동국여지지』[4]를 저술할 때 『신증동국여지승

---

3) 『新增東國輿地勝覽』卷五十 鏡城都護府 山川: "白山在府西一百十里, 山勢甚峻. 至五月, 雪始消, 七月, 復有雪. 山頂樹木矮小, 土人亦謂之長白." 盧思愼 等編(1985), 『新增東國輿地勝覽』, 서울, 明文堂, p.893.

4) 朝鮮 顯宗代(1660~74)에 磻溪 柳馨遠이 編纂한 私撰 全國 地理志.

람』을 많이 참고한 것으로 보인다. 『동국여지지』 길주목에 보면 장백산은 길주의 서쪽 110리에 있으며 두리산과 서로 연결된 산으로 산이 극히 높고 크다고 되어 있다. 사철 눈이 있는데, 5월에는 눈이 사라지고 7월에는 다시 눈이 보인다고 하였다.[5] 또, 『동국여지지』 회령도호부에 보면 백두산은 사계절 내내 눈이 있어 이름으로 하였다는 설명도 나온다.[6]

신경준이 위의 두 가지 저술과 각 도의 읍지를 참고하여 저술한 『산수고』에도 비슷한 설명이 나온다. 『산수고』 권이 「산위」 중 태백역산, 소백역산의 주에서 백두산의 의미에 대해서 다음과 같이 정의하고 있다.

태백역산, 소백역산은 모두 부의 북쪽 백60리에 있다. 두 산이 서로 연결되어, 극히 웅대하고 그것을 바라보면 모두 희다고 하므로 칭하여 백역산 또는 백두산이라고 한다.[7]

그런데 『산수고』에 나온 태백역산, 소백역산의 주는 유형원의 『동국여지지』 영흥부의 내용[8]을 거의 그대로 옮겨 놓은 것이다.

---

5) 『東國輿地志』 吉州牧 長白山: "長白山在州西一百十六里, 與頭里山相連, 山極高大. 四時有雪, 五月始消七月, 復見雪."
韓國學文獻硏究所 編(1983), 全國地理志 3 『東國輿地志』, 서울, 亞細亞文化社, p.476.
6) 『東國輿地志』 會寧都護府: "白頭山一云, 長白山, 四時有雪故名."
韓國學文獻硏究所 編(1983), 위의 책, p.481.
7) 『山水考』 卷二 「山緯」 咸興府: "太白亦山, 小白亦山, 俱在府北一百六十里, 二山相連, 極雄大望之皆白, 故稱白亦山, 又稱白頭山."
申景濬 著, 申宰休 編(1939), 『旅菴全書』 第三冊, 京城, 新朝鮮社, p.17.
8) 『東國輿地志』 永興大都護府: "太白亦山, 小白亦山, 俱在府北一百六十里, 二山相連, 極雄大望之皆白, 故稱白亦山, 又名頭白山."
韓國學文獻硏究所 編(1983), 全國地理志 3 『東國輿地志』, 서울, 亞細

그러나『동국여지』의 내용도『신증동국여지승람』의 내용9)을 기초로 보충한 것에 불과하다. 연대로 보면 유형원의『동국여지지』가 신경준의『산수고』보다 앞선다.

이상을 미루어 보면 유형원의『동국여지지』가 신경준의『산수고』저술에 많은 영향을 미쳤음을 알 수 있다. 또, 여름을 제외하고 사계절 내내 산의 정상부를 덮고 있는 흰 눈 때문에 백두산이라는 산명이 유래했다는 설이 조선시대의 일반적인 인식이었다고 볼 수 있다.

중국에서는 백두산을 일반적으로 장백산이라고 부르는데, 그렇게 부르는 까닭은 한국의 문헌에서 흰 눈 때문에 백두산이라고 부르는 것과 같은 이유에서이다. 장백산에 관하여 李澍田 主編『長白叢書』에는 다음과 같이 서술되어 있다.

　겨울이나 여름에 눈이 쌓여 항상 그것을 바라보면 색이 희어서 평범하지 않으므로 이름을 장백이라 한다. 그 가운데 천지가 있어 많은 기이한 봉우리들이 그 못을 둘러싸고 있다. 큰 것이 여섯 개 있다. 그 이름이 백운, 관면, 백두, 삼기, 천활, 지반이다.10)

즉 장백이란 의미는 "산 위에 일 년 내내 눈이 쌓여 초목이 자라지 못한다. 그것을 보면 온통 희게 보이므로 장백산이라고 이름한다."11)는 뜻이다. 늘 희게 보이므로 장백이라고 했다는 것이다.

亞文化社, p.450.

9)『新增東國輿地勝覽』卷四十八 咸興府 山川: "太白亦山, 小白亦山, 俱在府北一百五十三里, 二山望之皆白, 故稱白亦."
　盧思愼 等編(1985),『新增東國輿地勝覽』, 서울, 明文堂, p.859.

10) 冬夏積雪, 四時望之, 色白異常, 故名曰長白. 中有天池, 環池多奇峰, 大者有六, 曰白雲, 曰冠冕, 曰白頭, 曰三奇, 曰天豁, 曰芝盤.
　李澍田 主編(1981),『長白叢書』, 長春, 吉林文史出版社, p.297.

산 이름은 여러 차례 변화되었지만 그렇게 이름을 지은 것은 쌓인 눈의 색깔 때문으로 보고 있다.12)

또, 장백산에는 대봉이 여섯인데 그 이름은 백운봉·관면봉·삼기봉·백두봉·천활봉·지반봉이다. 여기에서 백두봉이란 백두산을 지칭한 것이다. 즉 광서 34년(1908년)에 劉建封이 찬한『長白山江崗志略』에도 "장백산은 조선에서는 백두산이라고 부르는데, 만약 한국인들이 남쪽으로부터 올라가면 먼저 백두봉이 보이고 그와 마찬가지로 북쪽으로부터 올라가는 사람은 먼저 백운봉이 보이며, 동쪽으로부터 올라가는 자는 먼저 천활봉을 본다."13)라고 한 것으로 보아 백두산이라 부르게 된 이유를 알 수 있다.

둘째는 백두산의 의미가 순수 우리 고어인 '붉달'의 한자어라는 설이다. 최남선은 불함문화론14)에서 한민족을 근간으로 형성된 고

---

11) 山上經年積雪, 草木不生, 望之皆白, 故名長白山.
    國史編纂委員會 編纂(1998),『中國正史朝鮮傳』譯註四, 서울, 韓國人文科學院, p.420.
12) 심혜숙(1997),『白頭山』, 서울, 대원사, p.23.
13) "長白山, 朝鮮呼爲白頭山. 誠以韓人, 自南來先見白頭峰, 猶之自北來者, 先見白雲峰. 自東來者, 先見天谿峰耳."
    國史編纂委員會 編纂(1998),『中國正史朝鮮傳』譯註四, 서울, 韓國人文科學院, p.420.
14) 崔南善은 먼저 식민사학에 의해 왜곡된 한국사를 바로잡기 위해 동방문화의 연원을 밝히고자 하였다. 그는 동방문화의 원류로 붉[Park]사상을 주목했고, 이 사상의 발원지가 단군신화에 등장하는 태백산(太白山)이며, 단군은 그 중심인물임을 제시하였다. 그리고 Park의 가장 오랜 자형(字形)인 '불함'이란 말을 빌려 '밝'을 숭상하던 문화권을 불함문화로 규정, 그 문화권의 중심이 조선이라고 주장하였다. 즉 그가 제시한 불함문화는 조선을 중심으로 그 인근 지역에 존재하던 '밝 사상'을 가진 고대사회의 대문화(大文化)를 뜻한다. 그는 조선이 불함문화권의 중심임을 논증하기 위해 조선의 도처에 분포되어 있는 태백산과 소백산(小白山) 등 백(白) 자 계열의 땅 이름에 주목

18

대문화를 논하면서 동방문화의 원류로 붉사상을 주목했다. 붉의 가장 오랜 자형인 '불함'이란 말을 빌려 '붉'을 숭상하던 문화권을 불함문화로 규정, 그 문화권의 중심이 조선이라고 주장하였다. 그는 한국에 분포되어 있는 태백산과 소백산 등 白 자 계열의 땅 이름에 주목하였다. 그리고 '白'은 붉의 대자(對字)로서 태양·신·

하였다. 그리고 '백(白)'은 Park의 대자(對字)로서 태양·신·하늘을 뜻하는 옛말이며, 태양신을 숭배하던 고대문화를 반영하는 어휘로 판단하였다. 그리고 동이족(東夷族)의 거주지에 다수 분포되어 있는 '백산(白山)'은 태양신께 제를 지내던 곳이었으며, 여러 지역에 있는 이 소신산(小神山) 중 태백산, 즉 白頭山이 가장 중심적인 곳임을 논하였다. 또한, 하늘[天]을 의미하는 고어인 Taigar에 주목, 여기에서 단군이란 이름이 나왔다고 주장했다. 즉 단군은 "천(天)을 대표하는 군사(君師)의 호칭"으로, 몽고어에서 배천자(拜天者)를 뜻하는 Tengri 의 음사(音寫)로 해석하였다. 또 '백산(白山)'은 단군이 유래한 곳이므로 Park과 Taigar은 긴밀한 관계에 있다고 보았다. 崔南善은 Park 사상의 분포지를 추적하기 위해 한반도 인근 지역의 지명 분석을 시도하였다. 그리하여 그는 일본의 고대문화도 이 사상을 나타내며, 중국의 동부 및 북부 일대도 불함문화 계통에 포함되고, 몽고와 중앙아시아 일대까지도 불함문화와 관계가 있다고 설정하였다. 바로 이지역에 같은 문화권이 만들어졌으나 "이 문화에는 명상적 산물과 기록과 조형 미술이 존중되지 아니하여…… 타 문화의 그늘에 숨게 되었으나…… 이는 동방문화의 일대 부면(一大部面)이 아닐 수 없는 것으로서" 불함문화는 동양사 내지 인류의 문화사 이해에 새로운 시각을 제시해 줄 것이라고 주장하였다. 그리고 불함문화의 잔존 요소가 오늘날 이 지역에 분포되어 있는 샤머니즘을 통해 검출될 수 있다고 주장하였다. 그는 이 불함문화론을 제시하며 일본 문화에 포함되어 있는 한국 문화의 요소를 지적했고, 중국 문화의 형성에 미친 동이문화(東夷文化)의 요소, 즉 '동이소(東夷素)'를 밝히고자 하였다. 그리고 불함문화의 실체를 파악하기 위한 목적에서 단군신화에 주목하고 이를 분석하기 위해 노력하였다.
한국정신문화연구원(1991), 『한국민족문화대백과사전』10, 성남, 한국정신문화연구원, pp.599‒600.

하늘을 뜻하는 옛말이며, 태양신을 숭배하던 고대문화를 반영하는 어휘로 판단하였다. 그리고 '白山'은 태양신께 제를 지내던 곳이었으며, 여러 지역에 있는 이 小神山 중 太白山, 즉 백두산이 가장 중심적인 곳임을 주장하였다. 이를 이어 김정학도 그의 논문에서 백두산의 의미를 밝달로 해석하고 있다.[15]

셋째는 산 정상에 있는 흰색의 부석[16] 때문으로 보는 견해이다. 김기빈은 그의 책에서 백두산은 '산이 하얗게 빛나는 산'이라는 뜻으로 산꼭대기가 흰색의 부석이 쌓여 있기 때문이라고 하였다.[17]

대체로 이 세 가지 학설 중에는 흰 눈 때문이라는 설이 많은 지지를 받아 왔다. 백두산에 대해 장지연의 견해를 인용한 이영노의 설명도 유사하다.

> 1903년(광무 7년) 장지연의 (大韓疆域考)『대한강역고』에 의하면 산정이 늘 백설로 덮여 있다는 뜻에서 백두산(白頭山)이라 불렀고, 우리 민족의 발상인 성산으로서 옛 우리의 시조 단군, 즉

---

15) 白山은 '밝달', ('달'은 '山'의 古語)의 한자 기사이다. 白岳, 白岳山, 白嶽 白嶽山, 白頭 朴山, 朴達嶺 등의 산명은 다 '밝달'의 한자어이다. 이러한 산명들은 좀 정밀한 지도를 살려 보면 조선 전역에 수없이 많이 있음을 알 수 있다. '밝'족인 우리 겨레는 그들이 숭앙한 聖山을 '밝달'이라고 불렀던 것이며, 그들이 사는 곳곳에 이러한 '밝달'을 숭배하고 제사 지냈던 것이다. 마치 '한'(韓)族이 그들의 숭배하는 산을 '한'山이라고 이름한 것과 같다. '한'山은 '漢'山이라고 기사되어 남쪽에 있는 것을 남한산, 북쪽에 있는 것을 북한산이라고 부른 것이 그 일례이다. '밝'은 부족명으로는 '貊', '狛', '百', '白' 등으로 기사되었으며 '한'은 부족 이름으로는 '韓'이라고 표기하였다. 金廷鶴, 「檀君說話와 토테미즘」, 이은봉 엮음(1986), 『檀君神話研究』, 서울, 온누리, p.78.
16) 浮石은 백두산의 용암대지에 많이 분포된 토양생성모암이다. 백두산의 부석은 백색, 회백색을 띤다.
17) 김기빈 편저(1996), 『역사와 지명』, 서울, 살림터, p.22.

왕검 태조가 이곳에서 탄생하여 단국(檀國)을 창건하였으며……
(중략) 백두산(白頭山)은 예로부터 이처럼 우리 한민족에게 매우
신성시되어 오고 있는 산인 것이다.[18]

그런데 부석이나 흰 눈을 백두산 명칭의 유래로 보기에는 다소
부족한 부분이 있는 것 같다. 사철 내내 눈이 덮이지 않은 산에도
白 자를 붙인 경우가 많기 때문이다. 따라서 백두산과 장백산으로
통칭되어 온 白頭山의 한자인 白, 頭, 長의 자형의 기원을 보다 심
도 있게 연구할 필요가 있다.[19]

우선, 白 자의 자형에 보면 『설문해자』[20]에는 자형에 대해서는
어떤 것을 본떴는지 모르겠다고 하였으나, 갑골문이 발견되면서

18) 이영노 편(1991), 『白頭山의 꽃』, 서울, 한길사, p.15.
19) 한국에서의 백두산과 장백산 字形의 起源에 대한 그동안의 硏究는
『說文解字』의 이해 수준을 크게 벗어나지 않는 것 같다.
20) 중국 最初의 文字學 書籍. 後漢 때 許慎이 편찬했다. 본문은 14권이
고 敍目 1권이 추가되어 있다. 9,353개의 글자가 수록되었고, 重文
(古文·籒文의 異體字)이 1,163자이며 해설한 글자는 13만 3,441자
이다. 최초로 부수배열법을 채택하여 한자 형태와 偏旁 구조에 따라
540개의 부수를 분류했다. 통행하던 篆書(小篆)를 주요 字體로 삼아
古文·籒文 등의 異體字를 추가시켰다. 글자마다 指事·象形·形聲·
會意·轉注·假借의 '六書'에 따라 字形을 분석하고 字義를 해설했
으며 讀音을 식별했다. 古文字에 대한 자료가 많이 보존되어 있어서,
중국 古代書籍을 읽거나 특히 甲骨文·金石文 등의 古文字를 연구하
는 데 참고할 만한 가치가 있다.
원본은 전해지지 않으며 현재 宋代 徐鉉이 쓴 교정본이 남아 있다.
후세인들의 연구와 著作이 대단히 많으나 淸代 段玉裁의 『說文解字
注』가 가장 자세하다.
http://100.empas.com/dicsearch/pentry.html/?s = B&i = 156042 [엠파스
백과사전]
이하에서는 인터넷 사이트 엠파스와 네이버의 백과사전에서 인용한
것은 [엠파스 백과사전]과, [네이버 백과사전]으로 약칭하기로 한다.

갑골의 연구를 통해 곽말약은 엄지손가락의 형태를 본뜬 것이라고
하였다.

> 곽말약은 엄지의 모양을 본떴다고 한다. 엄지는 으뜸인 손·발
> 가락이 되고 손발에 모두 가장 앞선 위치에 있다. 고로 백은 파생
> 되어 백중의 백(伯: 맏)이 된다. 또, 파생되어 왕백의 백(伯: 귀족)
> 이 된다. 그것이 백색의 글자로 쓰이게 된 것은 곧 뜻을 빌려 쓴
> 것[假借]이다.21)

『갑골문자전』 권구에 보면 長 자의 자형은 사람의 긴 머리칼의
모양을 본뜬 것이라고 한다. 파생되어 우두머리란 의미로 쓰였
다.22) 갑골문에는 장백이라는 복합어가 나오는데, 그 의미는 長之
君長, 즉 어른 중의 최고의 우두머리라는 의미로 쓰였다.

> 貞乎取長白 [合一八零]23)
> 묻습니다. 최고의 우두머리[長白]를 잡아 오라고 명할까요?

또 대만의 갑골학 전문가인 于省吾는 4권의 방대한 갑골문 자전
인 『갑골문자고림』에서 人首形(사람의 머리 모양)을 본뜬 것이라
고 하였다. 白 자는 사람 머리를 정면으로 본뜬 것이고 首 자는
측면의 모양을 형상한 것이라는 견해이다.

---

21) 『甲骨文字典』 卷七: "郭沫若謂象拇指之形. 拇爲將指在手足俱居首位.
故白引申爲伯仲之伯, 又引申爲王伯之伯. 其用爲白色字者, 乃假借也."
徐中舒 主編(1990), 『甲骨文字典』, 成都, 四川辭書出版社, p.869.
22) 『甲骨文字典』 卷九: "象人長髮之形, 引申而爲凡長之稱. 長白(伯), 長
之君長."
徐中舒 主編(1990), 『甲骨文字典』, 成都, 四川辭書出版社, p.1041.
23) 위의 책, p.1041.

白, 百, 首 자는 본래 하나의 어원에서 나온 것이다. 모두 사람의 머리 모양을 본뜬 것이다. 白 자는 그 정면을 본뜬 것이고 首자는 그 측면을 본뜬 것인데 이런 글자[,] 모양으로 썼다. 그것으로 인해 각각 쓰임에 있어 합당함이 있다. 형체의 구별이 있고, 소리와 뜻이 또한 다르다. 面 자는 首 자를 따르고, 兒, 面, 白 자는 모두 쌍성이다. 설문은 백(百)을 수(首) 자의 고문으로 여겼으나 생각하건대 그렇지 않은 것 같다.

『석명』에는 "頭 자는 獨이다. 몸에서 높고 홀로 우뚝하다."고 나와 있다. '白', '頭', '首'는 파생되어 모두 웃어른(尊長)의 뜻이다. 白 자는 설문에서 뜻은 長이 되고 모양은 白이 된다. 거기서 새끼 쳐 나온바, 뜻은 곧 백이다. 파생되어 금문과 갑골문에 백장(伯長)의 백(伯)은 모두 다 흰백으로 썼다. 이 백(白)은 백(伯)의 처음 형태이다. 백(伯)은 백(白)의 새끼 쳐 나온 글자이다. 백의 본뜻은 머리이고 뜻이 파생되어 맏어른(伯長)이다. 뜻은 서로 유래가 같다.24)

위의 내용에서 갑골문의 白, 長의 자형의 뜻은 파생되어 모두 가장 우두머리(尊長之義)로 썼음을 알 수 있다. 이것은 백두산의 다른 이름 중의 하나인 徒太山(산 중의 으뜸)에 대한 설명과도 통한다.25)

---

24)『甲骨文字詁林』第二册: "白, 百, 首實水同出一源, 皆象人首形, 白象其正面, 首象其側面作 或, 由於用各有當, 形體有別, 音義亦殊, 面字从百, 兒, 面, 白皆雙聲, 說文以百爲首之古文, 疑有未然,『釋名』: 「頭, 獨也. 於體高而獨也」.「白」,「頭」,「首」, 引伸之皆有尊長之義.「伯」字說文訓爲「長」, 形爲「白」, 所孳乳, 義則爲「白」, 所引伸, 金甲文伯長之伯皆作白, 是「白」爲「伯」之初形,「伯」爲「白」之孳乳字.「白」之本義「首」, 引伸爲「伯長」, 義均相因."
于省吾 主編(1999),『甲骨文字詁林』, 台北, 中華書局, p.1026.
25)『魏書・勿吉傳』에는 徒太山으로,『隋書・鞋鞨傳』에는 徒太山으로 불렸다.

이상의 연구들을 종합하면 백두산의 명칭에서 白 자의 자형은 부석의 흰 색깔이나 흰 눈이 덮여 있는 상태를 나타낸 것이라기보다는 엄지손가락이나 머리를 본떠 최고라는 의미로 쓰였음을 알 수 있다. 결론적으로 백두산의 명칭은 단순한 색에 대한 동경이나 신비감보다는 웅대하고 크다는 의미에서 백두산이라고 부른 것 같다. 일반적으로 백두산은 우리나라 산의 조종이라고 한다. 이것은 바로 白 자의 뜻인 존장지의와 의미가 같은 말이기 때문이다. 이런 측면에서 보면 눈이 덮이지 않고 흰색을 띠지도 않는 白山이나 太白山에 白 자를 쓴 이유를 짐작할 수 있을 것이다.

白

〔釋義〕地名．

文曹卜中帛内　王屮氵　〔數三屮〕

癸酉卜在帛貞王歩亡災

前二二四

一期　前四·三·四

二期　後下五·七

二期　人二〇·三·八

三期　人二〇·三·八

四期　粹七九

五期　後上一〇一

甲　圖探一二

〔解字〕郭沫若謂象拇指之形．拇爲將指在手足俱居首位，故白引申爲伯仲之伯，又引申爲王伯之伯．其用爲白色字者，乃假借也．金文叢考．其說可參．《說文》：白，西方色也．陰用事，物色白，从入合二．二陰數．白，古文白．說文說形不確．

〔釋義〕一物色之一種．

粹七六六

黄白羊又大雨

八六九

引用文獻影印 1 『甲骨文字典』卷七

一期　合集六三七

一期　合集七九八二

四期　合集七九八二

一期　合集一四二九三

一期　合集一四二九五

一期　乙二九○七

三期　前七八二

三林二六七

三期　後上一九六

五期　前二八二

〔解字〕象人長髮之形，引申而為凡長之稱。《說文》：「長，久遠也。从兀从匕，兀聲。兀者，高遠意也，久則變匕；亾者到亾也。」古文長。另亦古文長。《說文》說形不確。

〔釋義〕

一方國名或地名。

　長不其受年　乙四六五八

　貞叀嶷乎往于長　續三二六三

　……王往于……發巳卜在長貞王往于射往　前二八三

二長白（伯），長之君長。　合一六○

三人名，

　貞乎取長匄

引用文獻影印 2 『甲骨文字典』卷九

1096

按：說文：「白，西方色也，陰用事，物色白，从入合二，二，陰數」。形義俱誤，諸家疑之者衆。朱駿聲以為「入二」紆曲不憭」；徐灝以為「白从入二，義不可通。以古文證之，則非入二明矣」。然「白」字究屬何所取象，說者雖衆，均不得其解。徐灝段注箋謂白是「皃之上體，白正象米粒，即白字也。白者西方之色，故取象於穀之成熟」。朱駿聲通訓定聲以為「日未出地平時，先露其光恒白；字當从日，丨指事」。張文虎舒藝室隨筆以為「白有日光也；其字从丨者，上下通也；从日者，凡光所照皆日也。日出東方而照於西，謂白為西方之色，義亦可通」。林義光文源以為「白實與霸同字，象物遇溼魄然虛起之形」。是皆未能超脫許慎之說解，仍據較晚之形義為言。郭沫若以白為拇指之象，設想甚奇，但亦無當於本形本義。

契文有皃字，即小篆之皃，或體作貌，籀文作貌。說文：「皃，頌儀也，从人白，象人面形」。段玉裁注云：「上非黑白字，乃象人面也」。實則白既象人面，亦微作黑白之白。說苑脩文：「貌者，男子之所以恭敬，婦人之所以姣好也。行步中矩，折旋中規，立則磬折，拱則抱鼓」，國語晉語：「夫貌，情之華也」。儀容包括人身之全體言之，而突出表現於面容，故皃字从人作皃。

白、百、首實本同出一源，皆象人首形，白象其正面，首象其側面作𦣻或𦣻。由於用各有當，形體有別，音義亦殊。而字从百，皃、面、白皆雙聲，說文以百為首之古文，疑有未然。有釋名：「頭，獨也，於體高而獨也」。「白」、「頭」、「首」引伸之皆有尊長之義：「伯」字說文訓為「長」，形為「白」所孳乳，義則為「白」所引伸。金甲文伯長之伯皆作白，是「白」為「伯」之初形。「伯」為「白」之孳乳字：「白」之本義為「首」，引伸為「伯長」，義均相因。

黑白之白，本無形可象，純屬音假，與日光無涉。

白與百初本同源。初民以一「白」為百，即以一人頭表「百」，猶一「人」為「千」，一「萬」為「萬」也。但卜辭「白」與「百」已判然有別。百作⊖、⊖，其作⊖者，斷非「百」字。卜辭有白馬、白牛、白羊、白豕、白兕、白牝、白鹿等等・俞二・二九・三有辭云：「壬申卜，王田書，往來亡災，隻白鹿一、牝三」，其為黑白之白，了無疑義。然則「春白人」（鐵四三・一、五三・四）；「用三白羌于丁」（契二四五）均為黑白之白，不得釋為「百」。瞿潤緡之說是也。

陳世輝以「白」象人首，說無可易。人頭骨刻辭皆書「白」字，可為明證。

1026

引用文獻影印 3『甲骨文字詁林』

2. 역사문헌 속의 백두산

1) 한국문헌 속의 백두산

한국문헌 속의 백두산에 대한 기록은 고려시대에 일연 대사가 저술한 『삼국유사』에 처음으로 등장한다.

> 보천이 열반에 들던 날, 뒷날 산중에서 행할 바로 국가를 이롭 게 할 일을 기록해 남겨 두었는데 거기에 이르기를 "이 산은 백 두산(白頭山)의 대맥(大脈)으로 각 대(臺)는 부처님들의 진신(眞身) 이 항상 머무는 곳이다."라고 하였다.26)

일연 대사는 이 내용을 『삼국유사』의 명주오대산보질도태자전기 에서 다시 한 번 강조하여 백두산 대근맥이라고 표현하였다.

> 오대산은 바로 백두산(白頭山)의 대근맥(大根脈)으로 각 대에는 진신(眞身)이 상주한다.27)

위의 두 기록을 보면 승려 보천28)과 신라인들은 백두산의 대맥

---

26) 『三國遺事』 卷三, 塔像第四, 臺山五萬眞身: "川將圓寂之日, 留記後來 山中所行輔益邦家之事云, 此山乃白頭山之大脈, 各臺眞身常住之地." 이 하 원문의 밑줄은 필자가 표시함.
　　一然(1983), 『三國遺事』, 高麗大學校中央圖書館 圖書影印 第12 號, 晚松文庫本, 서울, 旿晟社, p.298. 이하 『三國遺事』 晚松文庫本으로 약 칭한다.
27) 『三國遺事』 卷三, 塔像第四, 溟州五臺山寶叱徒太子傳記: "五臺山, 是 白頭山大根脈, 各臺眞身常住."
　　『三國遺事』 晚松文庫本, p.302.

[大幹]이 오대산까지 연결되어 있고, 오대에 각각 부처님의 진신이 상주할 만큼 훌륭한 장소라는 것을 인식하고 있었음을 알 수 있다. 이 기록은 백두산에 대해 남아 있는 최초의 문헌기록으로 보인다.

『삼국유사』의 고조선편에는 아버지께서 환웅이 세상에 하강하는 장소로 삼위태백[산]을 내려다보았다고 서술되어 있다.

『고기(古記)』에 말했다. "옛날에 환국(桓国: 帝釋을 말함)이 있었다. 서자(庶子) 환웅(桓雄)이 있었는데 항상 천하에 뜻을 두고 사람이 사는 세상을 탐내어 구하였다. 아버지께서 아들의 뜻을 알고 삼위태백(三危太伯)을 내려다보니 인간들을 널리 이롭게 해 줄 만했다. 이에 아버지께서는 천부인(天符印) 세 개를 환웅에게 주고 (환웅을) 보내어 가서 인간세계를 다스리게 했다. 환웅은 무리 3,000명을 거느리고 태백산(太伯山) 정상(곧 태백산은 지금의 묘향산)에 있는 신단수 밑에 내려왔는데, 이를 신시(神市)라고 하며 이 사람을 환웅천왕이라고 한다."29)

저자인 일연 대사는 『삼국유사』의 주에서 태백산을 묘향산이라고 하였지만 여기에 대해서는 태백산이 백두산이라는 것이 학계의 일반적 정설이다.30)

---

28) 寶川은 新羅 神門王의 큰아들로 동생 孝明과 같이 五臺山에서 佛教를 수련하였다. 先王이 돌아가시자 寶川의 양보로 동생인 孝明이 왕위에 올라 聖德王이 되고 寶川은 五臺山에서 華嚴經을 위주로 佛道를 닦으며 平生을 보냈다.

29) 『三國遺事』卷一, 紀異第一, 古朝鮮: "古記云, 昔有桓国(謂帝釋也). 庶子桓雄, 數意天下, 貪求人世, 父知子意, 下視三危太伯, 可以弘益人間, 乃授天符印三箇, 遺往理之. 雄率徒三千, 降於太伯山頂(卽太伯今妙香山), 神壇樹下."
『三國遺事』晚松文庫本, p.32.

『삼국사기』「고구려본기」에는 금와가 유화를 발견하는 설명에서 태백산의 명칭이 나온다.

> 그 옛 도읍에는 온 곳을 알지 못하는 사람이 있었는데, 스스로 칭하기를 천제의 아들 해모수라 하고 와서 도읍하였다. 해부루가 죽자 금와가 그 위를 이었다. 이때 태백산 남쪽 우발수에서 여자를 얻었다.[31]

현존하는 한국 최고의 역사서인 『삼국사기』와 『삼국유사』에는 주로 백두산과 太白(伯)山이라고 표기되어 있다. 백두산은 고대로부터 다양한 명칭을 갖고 있었지만 한국의 문헌기록에서는 주로 白頭山, 太白(伯)山, 白山, 長白山 등으로 불렸다.

『고려사』고려세계조에 보면 고려 태조의 아버지 세조가 도선대사를 만나는 부분이 나온다.

> 이때 동리산 조사 도선이 당나라에 들어가 일행선사의 지리법을 얻어 돌아왔다. 그리고 백두산에 올라 곡령에 이르러 세조의 새집을 보고 (중략) 이 땅의 지맥은 임방 백두산으로부터 수모목 간으로 내려와서 마두명당에 떨어졌다.[32]

---

30) 이은봉 엮음(1986, 『檀君神話研究』, 金廷鶴, 「檀君說話와 토테미즘」, 서울, 온누리, pp.76‐79.

31) 『三國史記』 卷 第十三 高句麗本紀 第一 始祖 東明聖王 琉璃王: "其舊都有人, 不知所從來, 自稱天帝子解募漱, 來都焉, 及解夫婁薨, 金蛙嗣位, 於是時, 得女子於太白山南優渤水."
趙炳舜 編(1986), 增修補註 『三國史記』, 서울, 誠庵古書博物館, p.235.

32) 『高麗史』「高麗世系」: "時桐裏山祖師, 道詵入唐, 得一行地理法. 而還登白頭山, 至鵠嶺, 見世祖新構弟, (中略) 此地脈, 自壬方白頭山, 水母木幹來, 落馬頭明堂."
延世大學校 東方學研究所 纂(1972), 『高麗史』上, 서울, 景仁文化社, p.9.

한국에서 풍수지리의 비조로 알려진 도선대사가 중국에서 일행대사의 풍수지리법을 배운 후 귀국하여 백두산에서부터 태조의 집까지 답사를 하였다는 사실을 말해 준다.

『삼국유사』의 보천이 언급한 백두산관련 사항은 백두산에 대한 최초의 문헌 출전으로 인용되어 왔던 『고려사』의 도선대사[827~898(흥덕왕2~효공왕2)]의 언급보다 적어도 100년 이상 앞서는 기록이다.

『고려사』의 성종 때 기록에는 "압록강 밖의 여진족을 쫓아내어 백두산 바깥쪽에서 살게 했다."[33]고도 나와 있다.

『고려사절요』, 권지이십삼 충선왕 기유원년을 보면 백두산의 산림이 울창하여 중국에서조차 탐내는 목재가 많았음을 보여 주는 구절이 나온다.

> 이때 황태후가 불사를 일으키기를 원하니, 홍복원의 손자인 중희와 중경 등이 상주하기를, "백두산에 좋은 재목이 많습니다. 만약 심양의 군사 2천 명을 동원해서 벌채한 후, 압록강으로 흘러내리게 하고, 고려로 하여금 배로 수송하게 한다면 편리할 것입니다." 하였다.[34]

한국인들의 백두산에 대한 생각을 살펴보면, 고려시대 목은 이

---

33) 『高麗史』世家 卷第三 成宗・穆宗 辛卯十年 十月 戊辰日: "逐鴨綠江外女眞, 於白頭山外, 居之."
　　延世大學校 東方學研究所 纂(1972), 위의 책, p.77.
34) 『高麗史節要』卷之二十三 忠宣王 己酉元年: "時, 皇太后欲營佛寺, 洪福源之孫重喜重慶等奏, 白頭山多美材. 若發瀋陽軍二千伐之, 流下鴨綠江, 使高麗, 舟載以輸便."
　　金宗瑞 外, 民族文化推進會 옮김(2004), 『高麗史節要』中卷, 신서원, 서울, p.790.

색은 동북면으로 가는 한만호에게 지어 준 시에서 백두산을 다음
과 같이 설명했다.

　　장백산이 크게 활이 휘어진 듯하고 철령관이 비탈져 높이 솟아
　수천 리에 가로로 걸쳐 있으니 천연으로 만든 험한 땅이라 가히
　넘을 수 없다.[35]

　다음은 조선전기의 대표적인 관찬지리서인 『신증동국여지승람』
에 나오는 백두산에 대한 설명이다.

　　백두산은 바로 장백산이다. 부의 서쪽으로 7, 8일 걸리는 거리
　에 있다. 산이 모두 3층으로 되어 있는데, 높이가 2백 리요, 가로
　는 천 리에 뻗쳐 있다. 그 꼭대기에 못이 있는데, 둘레가 80리이
　다. 남쪽으로 흐르는 것은 압록강, 북쪽으로 흐르는 것은 송화강
　과 혼동강, 동북으로 흐르는 것은 소하강과 속평강, 동쪽으로 흐
　르는 것은 두만강이다.[36]

　백두산의 크기와 거리, 산꼭대기의 천지에 대해 설명과 백두산
에서 시작되는 물줄기에 대한 대략적인 설명이다.
　다음은 산악 중의 五嶽[37]으로서 백두산의 위치를 설명한 내용인

---

35) 『牧隱集』 牧隱集 卷四 詩 送東北面韓萬戶, 得月字: "長白山穹窿, 鐵
　　嶺關峏岉, 橫亘幾千里, 天險不可越."
　　李穡 지음, 임정기 옮김(2000), 國譯 『牧隱集』1, 民族文化推進會, p.68.
36) 『新增東國輿地勝覽』 卷五十, 會寧都護府, 山川: "白頭山, 則長白山
　　也. 在府西七八日程, 山凡三層高二百里, 橫亘千里, 其顚有潭周八十
　　里, 南流爲鴨綠江, 北流爲松花江爲混同江, 東北流爲蘇下江爲速平
　　江, 東流爲豆滿江."
　　盧思愼 等編(1985), 『新增東國輿地勝覽』, 서울, 明文堂, p.906.
37) 원래 중국에 있는 오대 명산을 통틀어 일컫는 말. 山東省에 있는 東

데 『표해록』38)에 실려 있다. 오악은 동쪽의 금강산, 서쪽의 구월산, 남쪽의 지리산, 북쪽의 백두산, 그리고 국도의 삼각산을 말한다.

산천, 즉 장백산은 동북방에 있는데 또는 백두산이라고도 합니다. 가로는 1,000여 리나 뻗쳤고, 높이는 200여 리나 되는데, 그

岳 泰山, 湖南省에 있는 南岳 衡山, 陝西省에 있는 西岳 華山, 山西省에 있는 北岳 恒山, 河南省에 있는 中岳 嵩山을 가리킨다. 고대의 제왕들은 오악을 여러 신들이 거주하고 있는 곳이라 믿고 오악에서 封禪과 祭祀 등의 성대한 의식을 거행했다. '五嶽'이란 말은 한나라 무제 때 처음으로 등장했다. 당의 현종은 오악을 왕으로 봉했으며, 송의 진종은 오악을 제에 봉했다. 명의 태조는 오악을 높여 신으로 삼았다. 한의 선제가 정한 오악을 보면 安徽省 天柱山이 南岳이고, 河北省 曲陽 恒山이 北岳으로 되어 있다. 나중에 湖南省 衡山을 南岳으로 삼았는데, 隋代 이후로는 이것이 오악으로 정해졌다. 明代에는 또 山西省 渾源縣 恒山을 北岳으로 삼았고, 淸代에도 이곳에서 北岳에 대한 제사를 지냈다. 오악의 곳곳에는 모두 사찰과 명승지가 많다. 우리나라의 오악은 白頭山·金剛山·妙香山·智異山·三角山을 말한다. 산악에 대한 신앙으로 중국의 戰國時代 이후 五行思想에 의하여 오악의 개념이 생겼다. 신라 때는 吐含山·智異山·鷄龍山·太白山·父嶽(八公山)을 오악으로 하였다. 고려 때에는 德積山·白岳·木覓山의 산신에 제사를 지냈다. 金剛山에는 고려 때부터 義館山壇을 만들어 小祀를 지냈다. 三角山에는 三角山壇이 있어 신라시대 이래로 小祀를 지내 왔다. 智異山의 智異山壇은 남원 동남쪽 所義坊에 있었는데 신라 이래로 中祀를 지냈다. 오악은 동서남북과 중앙지역을 대표하는 산으로, 봄과 가을에 제사를 지냈는데 이는 국가가 관장했다. 각 지방의 鎭山도 제사의 대상이었다[엠파스 백과사전].

38) 조선 성종 때의 文臣 崔溥(1454~1504)가 중국에 표류되었을 때의 체험을 1488년(성종 19)에 편찬한 책. 목판본. 3권 21책. 국립중앙도서관 소장. 1487년 推刷敬差官으로 제주에 재임 중이던 저자가, 이듬해 정월 부친상을 당해 급히 돌아오다가 풍랑을 만나 중국 浙江省 寧波府에 표류, 온갖 고난을 겪고 반년 만에 귀국하여, 왕명으로 1487년 당시 명나라 연안의 海路·氣候·山川·道路·官府·風俗·軍事·交通·都會地 風景 등을 소개하고 있다. [네이버 백과사전]

산꼭대기에 못이 있어 둘레가 80여 리나 됩니다. [그 물이] 동쪽
으로 흘러서 두만강이 되고, 남쪽으로 흘러서 압록강이 되고, 동
북으로 흘러서 속평강이 되고, 서북으로 흘러서 송화강이 되었는
데, 송화강 하류는 곧 혼동강입니다. 묘향산은 북쪽에 있고, 금강
산은 동쪽에 있는데 1만 2,000여 봉우리가 있으며, 지리산은 남쪽
에 있고 구월산은 서쪽에 있는데, 이상 네 산은 매우 높고 험하며
기이한 자취가 많습니다. 삼각산은 곧 국도의 진산입니다.[39]

여기서 말하는 鎭山[40]은 조선시대의 독특한 산에 대한 관념으로
어떤 특정지역을 보호해 주는 주산의 역할을 말한다. 고대의 중국
과 한국에서는 오악을 중요시하였다. 국가에서 오악을 정하여 산
신께 제사를 올린 것을 보아도 알 수 있다. 삼각산은 국도에 위치
한 한양의 진산이고 북쪽의 백두산은 각 고을 진산들의 조종산인
국가의 대표산으로 인식한 것이다. 그러므로 백두산은 한국 전체

---

39) 『漂海錄』卷之一 戊申年(1488, 成宗 19) 2月 4日: "山川則長白山在東
　　北, 一名白頭山. 橫亘千餘里, 高二百餘里, 其巓有潭, 周八十餘里, 東流
　　爲豆滿江, 南流爲鴨綠江, 東北流爲速平江, 西北流爲松花江, 松花下流,
　　卽混同江也. 妙香山在北, 金剛山在東, 有一萬二千餘峯, 智異山在南, 九
　　月山在西右, 四山極高峻多奇蹟. 三角山, 卽國都鎭山."
　　崔溥 지음, 서인범·주성지 옮김(2005), 『漂海錄』, 서울, 한길사, p.572.
40) 온 나라 및 國都와 각 고을의 뒤에 있는 큰 산, 主山이라고도 한다.
　　風水地理에서 사용하는 용어이나 風水地理書에서는 실제로 鎭山이라
　　는 용어는 별로 쓰지 않고 오히려 일반적으로 불리는 용어이다. 穴
　　場이 있는 明堂 뒤에 위치하기 때문에 後山이라고도 하며, 그것을
　　鎭護한다 하여 鎭山이라는 명칭이 나왔다. 山脈이 뻗어 가는 것을
　　龍이라 한다. 멀리 太祖山에서 四方으로 뻗어 나가는 行龍을 통하여
　　크고 작은 支山을 이루면서 穴이 되려는 곳을 얼마 못 미쳐 두어 절
　　떨어져 솟은 높은 산을 鎭山 또는 少祖山이라고 한다. 따라서 鎭山
　　은 한 마을이나 고을의 중심이 되는 산으로 보는 것이 타당하다. 예
　　를 들어, 開城은 松嶽山이 鎭山이다. 朝鮮 初期에 나온 地理書에는
　　대부분의 도읍에 대하여 鎭山을 설명하였다. [엠파스 백과사전]

를 보호해 주는 수호산의 개념을 갖고 있는 것이다.

이수광은 『지봉유설』[41)에서 이긍익은 『연려실기술』[42)에서 백두
산맥이라는 용어를 사용하여 백두산을 설명하고 있는데 산의 맥이
일본까지 이어진다고 보았다.

우리나라의 산들은 모두 백두산에서 발원했다. 마천, 철령 이남
으로부터 금강, 오대, 태백산을 이루고 지리산에 이르러 끝난다.
남사고는 항상 말하기를 백두산맥(白頭山脈)은 이곳에서 그치지
않고 바로 바다 속 밑에 숨어 엎드려 일본의 섬들을 이룬다고 하
였는데 그 말은 일리가 있다. 지금 제주 한라산도 역시 그중 하나
이다

요지에서 말하기를 장백산은 냉산 동남 천여 리에 있는데 그
산의 날짐승과 들짐승은 모두 희다고 하였다. 사람이 감히 들어가
지 못한 것은 혹시 그 사이가 너무 우거져서 뱀과 살무사의 해를
입을까 두려워서이다. 흑수는 여기에서 발원하는데, 즉 혼동강이
다. (중략) 또 오학편에서 말하기를 장백산은 넓이가 천 리, 높이
가 이백 리고 꼭대기 위에 있는 못은 둘레가 팔십 리로서 남쪽으
로 흘러 압록강을 일고 북쪽으로 혼동강을 이룬다고 하였다. 장백
산이라는 것은 바로 백두산이다.[43)

---

41) 1614년(광해군 6)에 이수광이 편찬한 한국 최초의 백과사전적인 저술.
42) 조선 후기의 실학자 이긍익이 찬술한 조선시대의 사서.
43) 『芝峯類說』卷二 地理部 山 李睟光 1633년: "我國諸山, 皆發源於白
頭山. 自磨天鐵嶺而南, 爲金剛五臺太白, 至智異而盡焉. 南師古常言,
白頭山脈, 不應到此而止, 當是隱伏海中, 爲日本諸島云, 其說有理. 今
濟州漢拏, 亦其一也. 遼志曰, 長白山在冷山東南千餘里, 其山禽獸皆白.
人不敢入, 恐穢其間, 以致蛇虺之害. 黑水發源於此, 卽混同江. (中略)
又吾學編曰, 長白山橫瓦千里, 高二百里, 巓上有潭, 周八十里, 南流爲
鴨綠, 北爲混同, 按長白山, 蓋白頭山."
朝鮮古書刊行會(大正 4年: 1915), 朝鮮群書大系續續 弟21集 『芝峯類
說』上, pp.30 - 31.

남사고가 말하기를, "백두산맥(白頭山脈)이 동쪽의 대해로 들어
가 일본이 되고, 남쪽의 대해로 들어가 탐라가 되었다." 하였다.[44]

백두대간이라고 한 것은 아니지만 백두산에서 이름을 따온 산줄
기를 이미 사용하고 있음을 알 수 있다. 즉 이익의 『성호사설』시
대보다 더 오래전에 백두대간체계를 인식하였음을 유추할 수 있다.
또, 이긍익은 『연려실기술』 별집에서 한양을 기준으로 한 사극
과 조선팔도의 명칭 유래, 그리고 백두산 산줄기의 연원도 밝히고
있다.

　우리나라 땅의 경계는 해좌사향인데 정동은 경상도의 영해부이
니, 서울에서 7백45리 떨어져 있으며, 정서는 황해도의 풍천부이
니, 서울에서 5백35리 떨어져 있으며, 정남은 전라도의 해남현이
니, 서울에서 8백96리 떨어져 있으며, 정북은 함경도의 온성부이
니, 서울에서 2천1백2리 떨어져 있다. 동과 서를 합치면 도합 1천
2백80리요, 남과 북을 합치면 2천9백98리가 된다. (중략)
　전라도의 김제군 벽골제호를 경계로 해서 전라도를 호남이라
부르고, 충청도를 호서라고도 부른다. 또는 제천에 의림지호가 있
기 때문에 충청도를 호서라고 한다. 경상도의 고을들은 조령과 죽
령 두 고개 남쪽에 있기 때문에 영남이라 부른다.
　강원도는 바닷가에 있는 9군(郡)이 단대령 동쪽에 있기 때문에
영동이라 한다. 단대령은 대관령이라고도 하기 때문에 강원도를
또 관동이라고도 한다. 황해도는 경기해의 서쪽에 있으므로 해서
라고 부른다. 함경도는 철령관의 북쪽에 있으므로 관북이라 부르
며, 평안도는 철령관 서쪽에 있으므로 관서라고 부른다. 『역대아

---

44) 『燃藜室記述別集』 第19卷 歷代典故 百濟屬國: "南師古言, 白頭山
脈, 東入大海爲日本, 南入大海爲耽羅."
　李肯翊(1976), 古典國譯叢書 11, 國譯 『燃藜室記述』XI, 서울, 民族
文化推進會, p.822.

람』(중략)

곤륜산 한 줄기는 큰 사막 남쪽으로 내려오다가 동쪽으로 의무
려산이 되고 이곳으로부터 크게 끊어져서 요동 들판이 된다. 들판
을 건너가서 불쑥 일어난 것이 백두산이 되어 여진과 조선의 경
계에 있으니 이것이 곧 『산해경』에 이른바 불함산이다.[45]

역사학자 안정복은 『동사강목』에서 백두산에 대한 명칭과 유래
에 대해 다음과 같이 자세하게 설명하고 있다.

개(蓋) 자는 『통전』에 음이 합이라 하였다. 개마대산은 바로 지
금의 백두산이다. 어떻게 그것을 아는가 하면, 고구려 초기에 개
마국이 그 아래에 있었기 때문에 개마대산이라 칭한 것이다. 대개
옛날에는 이름이 없었는데, 중국에서 개마의 대산이라고 불렸던
모양이다.

『한서』「지리지」에 서개마현이 있는데, 그 산의 서쪽에 있기
때문에 그렇게 이름 한 것이다. 또, "서개마현에 마자수가 있는데,
곧 훗날의 압록강으로서 그 수원이 백두산에서 나온다." 하였으
니, 개마대산이 백두산이란 것은 의심할 것이 없다. 조위 시대에

---

45) 『燃藜室記述別集』第16卷 地理典故 摠地理條: "本國地界, 亥坐巳向.
正東, 慶尙道寧海府, 距京七百四十五里. 正西, 黃海道豊川府, 距京五
百三十五里. 正南, 全羅道海南縣, 距京八百九十六里. 正北, 咸鏡道穩
城府, 距京二千一百二里. 東西合一千二百八十里, 南北合二千九百九十
八里, (中略) 以全羅道金堤郡碧骨堤湖分界, 全羅道稱湖南, 忠淸道稱湖
西. 一說, 堤川有義林池湖, 故稱湖西. 慶尙道郡縣, 在鳥竹二嶺之南, 稱
嶺南. 江原道, 以濱海九郡, 在單大嶺之東, 稱嶺東. 單大嶺亦號大關嶺,
故又稱關東. 黃海道, 在京畿海之西, 稱海西. 咸鏡道, 在鐵嶺關之北, 稱
關北. 平安道, 在鐵嶺關之西, 稱關西. 『歷代兒覽』[저자가 인용한 책
명] (中略) 崑崙山一枝, 行大鮮之南, 東爲醫巫閭山, 自此大斷爲遼東之
野. 渡野起爲白頭山, 在女眞朝鮮之界, 即山海經所謂不咸山也."
李肯翊(1976), 앞의 책, pp.640 – 642.

는 불함산이라 칭하였으니, 『삼국지』「읍루전」에 이르기를, "불함 산 북쪽에 있다." 한 것이 바로 이것이다.

수·당 시대에는 백산이라 칭하였으니, 『통전』「물길전」에, "백산부락이 있다." 하고 또, "압록강 수원이 동북말갈의 백산에 서 나온다." 한 것이 바로 그것이다. 또 태백산이라고도 칭하였으 니, 『문헌통고』 발해전에, "무후 때 말갈의 걸사비우와 고구려의 여종이 동쪽으로 도망하여 요수를 건너서 태백산 동북쪽을 확보 하고 오루하를 막았다." 하고, 또 『삼국사기』 최치원전에, "고구 려의 유민이 태백산 밑에 웅거하여 국호를 발해라 하였다." 한 것 이 바로 이것이다.

지금 중국 사람은 장백산이라 칭하니, 『성경지』에 이른바 '장 백산'이란 것이 바로 이것이다. 백두산이라고 부른 것은 곧 우리 나라 사람이 그렇게 칭한 것이다. 대개 산천과 군읍의 이름은 모 두 옛날과 지금의 이름이 다르고 저들과 우리가 부른 이름이 다 른 것이 있으며 혹은 오랑캐의 말을 번역해 옮길 때 갑자기 구별 해 정하기가 어려운 것이 있지만, 이 산이야말로 명칭과 내력이 너무도 분명하여 알기 쉬운 것이다.[46)]

---

46) 『東史綱目』附錄 卷下, 蓋馬大山考: "蓋通典音合. 蓋馬大山, 卽令之白 頭山也. 何以知其然也. 高句麗初, 有蓋馬國居其下, 故稱蓋馬大山. 蓋 古初無名, 中國呼之爲蓋馬之大山也. 漢書地理志, 有西蓋馬縣, 以其在 山之西而名之也. 又云, 西蓋馬縣有馬訾水, 卽後之鴨綠江, 而源出白頭 山, 則蓋馬大山之爲白頭, 無疑矣. 曹魏之際, 稱爲不咸山. 三國志挹婁 傳, 謂在不咸山北, 是也. 隋唐之際, 稱爲白山, 通典勿吉傳, 有白山部 落. 又云, 鴨綠江源出東北靺鞨白山, 是也. 又稱爲太白山, 通考渤海傳, 武后時, 靺鞨乞四比羽及高句麗餘種, 東走渡遼水, 保太白山之東北, 沮 奧婁河. 又三國史崔致遠傳云, 高句麗殘孼, 依太白山下, 國號渤海者, 是也. 今中國人稱長白山, 盛京志所謂長白山, 是也. 白頭之號, 卽我國 人之所稱也. 凡山川郡邑名號, 皆有古今之異彼我之別, 或有傳譯夷語, 而猝難辨定者, 至於此山, 名稱來歷, 分明曉然易知者也."
安鼎福(1979), 古典國譯叢書 135, 國譯 『東史綱目』Ⅸ, 서울, 民族文 化推進會, pp.72 - 73.

38

『해사일기』를 쓴 조엄은 한 걸음 더 나아가 남북으로 뻗어 나간 백두산에 대해 설명하고 있다.

　　일찍이 들어 보니, 일본 산맥은 조선으로부터 왔다고 하며 혹
　은 장기석맥이 바다를 건너 대마도·일기도를 경유하여 들어왔다
　고 전하고 혹은 백두산 여맥이 북해를 경유하여 왔다고도 전한다.
　대개 백두산록이 남쪽으로 온 것은 조선이 되고, 북쪽으로 간 것
　은 매우 머니 어찌 흑룡강으로부터 비롯되지 않고 넘어간 것으로
　아는가? 남쪽이건 북쪽이건 백두산의 지맥인 것 같다. 이제 부사
　산 역시 그 머리가 희고 꼭대기에 또 못이 있다고 하니, 이 역시
　백두산의 자손이 아닌지 모르겠다.[47]

영조대왕 때는 조종산의 의미에 걸맞게 백두산에 제사를 지내도
록 조치를 내리는 부분이 『국조보감』[48]에 기록되어 있다.

---

47) 『海槎日記』4, 甲申年 2月 12日: "曾聞, 日本山脈, 來自我國, 而或傳自
　長鬐石脈渡海. 由馬島, 歧島而入, 或傳以白頭山餘脈 由北海而來, 蓋白
　頭山麓之南來者爲朝鮮, 北去者甚遠, 安知不由黑龍江而渡也. 以南以北,
　似是白頭山支派矣. 今者富士山亦白其頭, 頂上又有澤云, 其或是白頭山
　之兒孫耶."
　趙曮(1975), 古典國譯叢書 84, 國譯『海行摠載』Ⅶ, 『海槎日記』, 서울,
　民族文化推進會, p.28.
48) 朝鮮時代 역대 왕의 업적 가운데 善政만을 모아 편찬한 편년체의 사
　서. 90권 28책. 活字本.『國朝寶鑑』의 편찬을 최초로 구상한 것은 世
　宗 때이다. 世祖가 이를 계승해 1457년(世祖 3)에 修纂廳을 두고 申
　叔舟와 權擥 등에게 명해 太祖·太宗·世宗·文宗 4조의 寶鑑을 처
　음으로 完成하였다. 그 후 1908년(隆熙 2)까지 朝鮮時代 5백여 년간
　寶鑑의 편찬이 꾸준히 계속되었다. 이렇게 꾸준히 집필을 계속한 것
　은 그 목적이 帝王의 鑑戒에 있었기 때문이다. 내용은 주로 實錄草
　에서 발췌하였다. 그러나 헌종 때에는 조인영의 의견에 따라『日省
　錄』·『承政院日記』및 각 司의 掌故 등의 기사에서도 뽑아 수록하였
　다.[엠파스 백과사전]

7월. 백두산을 북악으로 제사 지내도록 명하였다. 처음에 국조오악의 제사에는 정평의 비백산을 북악으로 삼았다. 이때 이르러 좌의정 한익모가 아뢰기를,

"백두산은 바로 우리나라의 조종산이며, 북도는 또 국조의 발상지입니다. 북악의 제사를 이제 백두산으로 옮겨 설행하는 것이 마땅할 듯합니다." 하였다.

상이 대신에게 물으니, 봉조하 유척기가 아뢰기를,

"우리나라의 산들이 모두 백두산에서 맥이 시작되는데, 산의 근방 역시 열성의 발상지입니다. 나라를 세운 지 400년 가까운데 아직까지 높여 제사 지내지 않았으니, 전적에서 빠진 듯합니다. 거기다 장백대산이 이미 경성과 길주의 경계에 있으니, 이것으로 북악을 삼지 않고 장백산 남쪽으로 900리나 떨어진 비백산을 북악으로 정하는 것이 실로 옳은 것인지 모르겠습니다. 백두산에 제사 지내는 일에 대해 신은 별도로 의논을 할 것이 없습니다." 하니, 상이 따랐다. 함경도의 관리에게 명하여 갑산부에서 80리 떨어진 곳에 있는 운총보 북쪽 망덕평에 자리를 골라 각을 세워 백두산에 제사를 지내도록 하고, 비백산의 제사도 파하지 말도록 하였다.[49]

위의 기사를 보면 백두산은 열성조가 창업의 기틀을 다진 곳이

---

49) 『國朝寶鑑』 第66卷 英祖條 10: "秋七月, 命秩祀白頭山於北嶽. 初國朝五嶽之祀, 以定平之鼻白山爲北嶽. 至是, 左議政韓翼暮言, 白頭山乃是我國之祖宗山, 而北道又爲國朝發祥之地. 北嶽祀秩, 令宜移設於白頭山也. 上下詢大臣, 奉朝賀俞拓基曰, 我國諸山, 皆發脈於白頭山, 而山之傍近又是列聖發祥之地. 立國近四百年, 尚未崇祀, 恐是闕典. 且長白大山, 旣在鏡吉之界, 則不以是爲北嶽, 而乃以自長白南去九百里之鼻白山, 定爲北嶽者, 誠未敢知. 白山之祀, 臣無容別議. 上從之. 命咸鏡道臣 擇地於甲山府八十里, 雲寵堡北望德坪建閣, 望祀於白頭山, 鼻白山之祭亦不罷."
民族文化推進會(1995), 古典國譯叢書 275, 國譯 『國朝寶鑑』 Ⅵ, 서울, 民族文化推進會, pp.117－118.

고 중요한 산이지만 편의상 백두산 남쪽 9백 리의 산에서 지내던 제사를 옮기자는 신하의 청을 임금이 들어주는 내용이다. 여기에서 백두산은 우리나라의 조종산(我國之祖宗山)으로 불리고 있다.

서명응의 『유백두산기』를 보면 백두산에 올라 부사들이 제사를 올리는 장면이 자세히 나온다. 여기에 조선 사람들의 백두산에 대한 숭배와 외경심이 잘 드러나고 있다.

> "예로부터 여기에 도착하면 반드시 목욕재계하고 글로써 제사 지냅니다. 그런 후에 비로소 감히 올라가 바라볼 수 있고, 그렇지 않으면 구름, 안개, 바람, 비 등이 사납게 일어나 풍경을 놓치고 제대로 볼 수 없습니다. 이제 마땅히 역시 글로써 제사를 지내야만 합니다."

> 이에 그 말을 듣고 갑산 부사가 제수를 갖추고 갑산의 장교로 하여금 제사를 올리게 하였다. 그 글은 다음과 같다.

> "우뚝 솟은 백두산이 우리를 도와 기수분야의 아래로 땅에 비치니 우러러 바라건대 그 온전한 모습을 보기를 원합니다. 이제 이번에 온 것은 참으로 하늘이 편의를 주신 것으로, 풍찬노숙하면서 삼나무 길을 내며 왔습니다. 산의 신령이 계시면 바라건대 우리의 정성을 살펴 주십시오. 구름과 안개를 거두고 장엄한 모습을 베풀어 주십시오. 하늘이 어찌 숨기려고만 하겠습니까? 해와 별도 하늘에 빛나고 있습니다. 땅의 도로서도 하늘의 뜻을 공경하여 따르지 않겠습니까? 여기 깨끗한 곡식을 담아 희생에 대신합니다." (중략) 우리나라의 백두산은 중국의 곤륜산과 같습니다. 만약 해동의 편협한 땅에 사는 사람들이 한 번 백두산에 올라 그 웅대한 경관을 보지 못한다면, 그 한스러움이 어떠하겠습니까?[50]

---

50) 『保晩齋集』卷八 「遊白頭山記」十三日 自林魚水至臙脂峯下條: "自昔至此者, 必沐浴致潔, 爲文以祭之. 然後始敢登覽, 然亦爲雲霧風雨所亂, 不得縱意窮搜. 今亦當爲文以祭也. 於是用其言, 甲山府使具黍稻, 使甲山將校獻之. 其文曰, 崒高白山, 鎭我箕躔, 下土瞻仰, 願覩其全. 今玆之

중국의 곤륜산과 같다는 것은 적어도 조선시대에 백두산은 조선의 모든 산의 조종산[51] 역할을 하고 있음을 의미하는 것이다.

다산 정약용은 백두산에 가는 신광하에게 준 글에서 백두산의 맥이 수천 리나 뻗어 있다고 보았다.

백두산은, 즉 『산해경』에서 말한 불함산이고, 지지(地志)에 칭한 장백산이라는 것이 이것이다. 그 맥이 서쪽의 선비에서 일어나서, 동북쪽으로 흑룡강의 위에 이르고, 그 한 가지가 남으로 꺾이어 우리나라 경계의 북쪽에 이르러 우뚝하게 일어나서 조종산이 되었다. 북으로 여진·오랄과 경계가 되고 남쪽으로 말갈이 되고, 서쪽으로 여연·무창이 되고, 서남쪽으로 발해가 되었는데, 그 뿌리가 땅의 주위를 빙 감아 수천 리나 뻗어 있다. 그 위에는 큰 못이 되어 주위가 80리나 된다.[52]

위와 같이 백두산에 대해 설명하면서 다산은 천자가 천하를 순

來, 天實借便, 風餐露宿, 幾刊杉阡. 山之有靈, 尙監誠虔, 雲收霧斂, 壯瞻是宣. 天何隱哉. 日星昭懸. 不日地道順承于天, 潔此粢盛, 以代牲牷. (中略) 我國之白頭山, 亦猶中國之有崑崙. 若使居左海偏壤之人, 不一登於白頭以盡其瑰偉之觀, 則其爲恨何如哉."
徐命膺(1996), 影印標點 韓國文集叢刊 233, 『保晩齋集』, 民族文化推進會, 서울, p.224.

51) 조종산이란 마을과 지역, 나아가 나라의 근본을 이루는 산을 말한다. 당시에는 일반적으로 중국의 곤륜산을 천하의 조종산으로 생각했다. 우리나라로 치면 나라 전체를 지켜주고 대표하는 산인 백두산이 이에 해당한다.

52) 『茶山詩文集』 第13卷 送震澤申公光河遊白頭山序 己酉(1789): "白頭山, 卽經所云不咸山, 而地志稱長白山者, 是也. 其脈西起鮮卑, 東北至黑龍江之上, 其一支南折, 至我界之北, 崛起而爲之祖. 北鎭女眞烏喇, 南爲靺鞨, 西爲閭延茂昌, 西南爲渤海 其根蟠地, 將數千百里, 上爲大澤, 周八十里."
丁若鏞(1985), 國譯 『茶山詩文集』6, 民族文化推進會, 서울, p.84.

수할 적에 험난함을 무릅쓰고 높은 산을 오르는 이유를 설명하고 있다. 그 이유는 방위를 분변하고 천신과 지신을 예로 받들어 하늘의 은혜에 보답하려고 하기 때문이라는 것이다. 그런데 청나라 임금이 목극등을 보내어 경계비를 세우고 백두산을 높여 五嶽에 넣어 六嶽으로 만들고는 시절에 따라 향사를 지내니 백두산의 존귀하고 중대함이 예전에 비할 바가 아니라는 것이다. 한양에서 백두산까지 2천여 리인데 수백 년 이래로 한 사람도 용기를 내어 찾아간 이가 없다고 이 상황을 염려하고 있다.

심상규의 『만기요람』53)에서는 평안도와 함경도의 영맥[山脈]분계선에 대한 설명도 나온다.

백두산에서 가지가 갈라져 남쪽으로 나온 것이 함흥이 되고 철령이 되었다. 이것은 온 나라 산들의 조종산이 된다. 함흥으로부터 갈래가 나뉘어 서쪽으로 수백 리를 가서는 구부러져 남과 북으로 나갔는데, 그 남쪽의 것은 동쪽으로 함경도의 정평·영흥·고원·문천·덕원·안변 등을 끼고, 서쪽으로는 평안도의 맹산·양덕과 황해도의 곡산·신계를 끼고, 그 북쪽의 것은 동쪽으로는 함흥·장진을 끼고, 서쪽으로는 영원·덕천·희천을 꼈으니, 이것이 서북 양도의 영맥 분계이다. 희천의 갑현령에서 지맥이 꺾여서

---

53) 純祖는 재위 8년 이후 전국의 民弊와 그것을 바로잡을 방도를 보고하라는 명령을 내리고 五衛都摠府를 통해 國王의 군사적 기반을 강화하려는 등 國政을 적극적으로 주도하려 하였다. 그 다양한 노력의 일환으로 당시 비변사 유사당상으로서 국정실무를 총괄하고 있던 徐榮輔와 沈象奎에게 명령하여 財政·軍制·土地에 관한 내용을 편찬하게 하였다. 이 책은 朝鮮 後期의 경제사뿐만 아니라 軍事制度 및 軍事政策을 연구하는 데 매우 중요한 사료가 되고 있다. 『萬機要覽』은 이러한 의미에서 일반 臣民이 보는 책이라기보다는 통치자인 國王이 보기 위해서 만들어진 책이므로 그 서명을 이렇게 정했다 하겠다. [네이버 백과사전]

서쪽으로 향하여 삭주의 천마령에 이르러 다시 남으로 꺾이어서
동림 좌현에 이른다. 산마루가 줄지어 비스듬하고 높은 봉우리와
중첩된 산이 700리에 연하여 뻗쳤으니 이것은 하늘이 만들고 땅
이 베풀어 놓은(天造地設) 금성철벽이다.[54]

홍세태의 답사기를 보면 백두산과 장백산은 같은 산인데 중국과
한국에서 다른 명칭으로 부르고 있음을 확실히 알 수 있다.

"백두산은 북방 모든 산의 조종산이다. 청조가 여기에서 일어
났으니 우리의 북변에서 300여 리쯤 되는 곳이다. 저들은 장백산
이라 하고 우리는 백두산이라 하는데, 두 나라가 산 위에서 갈라
진 두 강으로 경계를 삼는다. 그러나 지역이 멀고 거칠어서 상세
한 것을 얻을 수 없었다.
백두산, 즉 동북의 곤륜산이다. 세상에서 아직 올라가 본 사
람이 없었다. 지금 김경문이 능히 그 정상을 두루 보고 두 강의
수원을 탐색하여 강역의 경계를 정하고 돌아왔으니 장하도다!"[55]

---

54) 『萬機要覽』軍政編四 關防 平安道 徐榮輔, 沈象奎: "白頭分支而南者
爲咸興爲鐵嶺. 此爲一國諸山之祖. 自咸興分支而西數百里屈折而南北.
其南者, 東挾咸鏡道之定平永興高原文川德源安邊, 西挾平安道之孟山陽
德, 黃海道之谷山新溪, 其北者, 東挾寧遠長津, 西挾寧遠德川熙川, 此
爲西北兩道嶺脈之分界也. 自熙川之甲峴嶺支折而向西至朔州之天摩嶺, 復
南折止于東林左峴. 嶺脊邐迤, 峻崿疊嶂, 連亘七百里屹然天造地設之金
城鐵壁."
徐榮輔・沈象奎 撰進(1971), 古典國譯叢書 68, 國譯『萬機要覽』Ⅱ,
軍政編四, 서울, 民族文化推進會, p.144.
55) 『柳下集』卷之九 白頭山記: "白頭山, 北方諸山之祖也. 淸祖自此起, 去
我北邊三百餘里. 彼曰長白山, 我曰白頭山, 兩國以山上二江爲界. 然地
極荒絕, 蓋莫得而詳焉. (중략) 白頭山卽東北之崑崙也. 而世未有登見之
者. 今金生乃能躡其絕頂, 探二江之源, 定疆界以歸, 壯矣哉."
洪世泰(1996), 影印標點 韓國文集叢刊 167, 『柳下集』, 서울, 民族文
化推進會, pp.477‑481.

최남선은 『백두산근참기』에서 고조선의 시작과 국가의 무대로서의 백두산을 설명하고 있다.

> 조선의 고국가가 대개 산상에 있었음과 또 종교적 이유로 고산 영악(靈嶽)이 가장 존귀한 국체의 보유자이었음과 및 송화강·압록강의 곡지(谷地)가 문헌 이전부터 국가생활지이었음 등 여러 가지로 명확한 사실만 여기 부설(附說)하여 두겠다.[56]

최남선은 위의 서술에서 고조선 시대부터 만주와 백두산은 한민족의 활동 무대였고 고조선은 산을 끼고 있으면서 산을 영험스런 존재로 숭배하고 있었음을 주장하고 있다.

---

56) 崔南善 外(1989), 『白頭山觀參記』, 서울, 朝鮮日報社, p.78.

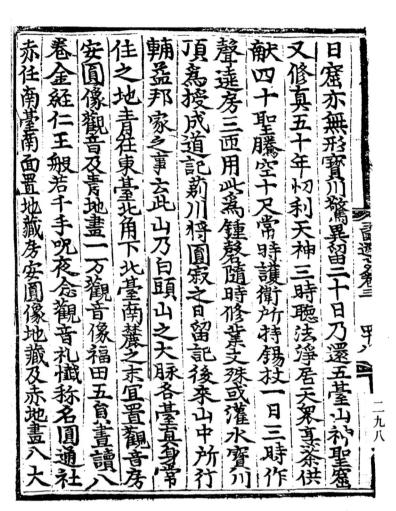

日窟亦無形寶川驚異留三十日乃還五臺山神聖窟
又修真五十年忉利天神三時聽法淨居天衆烹茶供
獻四十聖騰空十尺常時護衛所持錫杖一日三時作
聲遠房三匝用此爲鍾磬隨時修業文殊或灌水寶川
頂爲授成道記荊川將圓寂之日留記後來山中所行
輔益邦家之事云此山乃白頭山之大脉各臺眞身常
住之地青在東臺北角下北臺南麓之末宜置觀音房
安圓像觀音及青地畫一萬觀音像福田五員畫讀八
卷金経仁王般若千手呪夜念觀音礼懺称名圓通社
赤往南臺南面置地藏房安圓像地藏及赤地畫八大

引用文獻影印 4『三國遺事』卷三, 塔像第四, 臺山五萬眞身

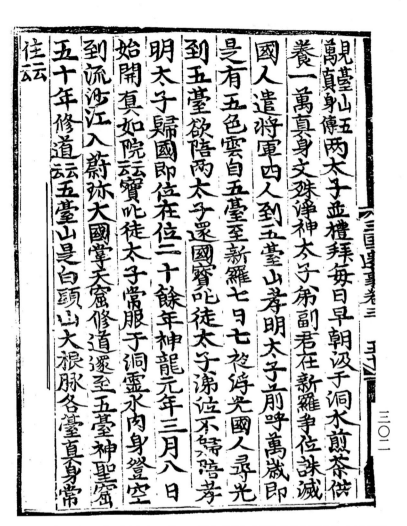

覩臺山傳兩太子並禮拜每日早朝汲于洞水煎茶供
養一萬真身文殊淨神太子弟副君往新羅爭位誅滅
國人遣將軍四人到五臺山孝明太子前呼萬歲即
是有五色雲自五臺至新羅七日七夜浮光國人尋光
到五臺欲陪兩太子還國寶叱徒太子涕泣不歸陪孝
明太子歸國即位在位二十餘年神龍元年三月八日
始開真如院云寶叱徒太子常服于洞靈水內身登空
到流沙江入蔚珎大國掌天窟修道還至五臺神聖窟
五十年修道云五臺山是白頭山大根脈各臺真身常

往云
往云

引用文獻影印 5 『三國遺事』卷三, 塔像第四, 溟州五臺山寶叱徒太子傳記

2) 중국문헌 속의 백두산

백두산은 중국에서는 시대에 따라 不咸山, 徒太山, 太白山, 白山, 長白山 등으로 불렸다. 백두산에 관한 최초의 중국문헌은『산해경』이다.『산해경』권17 대황북경조에 다음의 내용이 있다.

　　대황의 한가운데에 불함이라는 산이 있고 숙신씨국이 있다. 비
　　질이 있는데 날개가 넷이다. 짐승의 머리에 뱀의 몸을 한 것이 있
　　는데 이름을 금충이라고 한다.[57]

즉 백두산은 불함이라는 명칭으로 처음 등장한다. 또『진서』「사이전」에도 불함산이라고 기록되어 있다.[58]『삼국지』「위지」동이전에도 그 이름이 보인다.『위서』물길전에는 도태산으로,『수서』「말갈전」,『북사』「물길전」에서도 도태산으로 불렸다.

『위서』물길전에 "나라의 남쪽에 도태산이 있다. 위나라 말로 태백이란 뜻"이라도 한다.[59] 퉁구스계의 민족들은 산을 숭배하여 도태라고 불렀다.『수서』「말갈전」,[60]『북사』「물길전」에 보면,

---

57)『山海經』卷17 大荒北經: "大荒之中, 有山, 名曰不咸. 有肅愼氏之國.
　　有蜚蛭 四翼. 有蟲獸首蛇身, 名曰琴蟲"
　　鄭在書 譯註(1985),『山海經』, 서울, 民音社, p.310.
58)『晉書』卷97,「列傳」第67 四夷 東夷 肅愼氏: "肅愼氏一名挹婁, 在不
　　咸山北, 去夫餘可六十日行."(숙신은 일명 읍루라고 하는데 불함산 북
　　쪽에 있다.)
　　[唐] 房玄齡 等 撰(1974),『晉書』, 第8冊, 北京, 中華書局, p.2534.
59)『魏書』卷一百「列傳」第八十八 勿吉條: "國南有徒太山, 魏言「大白」,
　　有虎豹羆狼害人, 人不得山上溲汙, 行逕山者, 皆以物盛."
　　[北齊] 魏收 撰(1974),『魏書』第6冊, 北京, 中華書局, p.2220.
60)『隋書』卷八十一「列傳」第四十六 東夷 靺鞨傳: "有徒太山者, 俗甚敬
　　畏, 上有熊羆豹狼, 皆不害人, 人亦不敢殺."

48

"나라의 남쪽에 도태산이 있는데 중국에서는 태황이라고 한다."고 했다.61) 『문헌통고』「막고」 물길조에도 같은 기록이 있다. 또 『신당서』 흑수말갈조에는 "속말부는 태백산 남쪽 아래에 있는데 태백산은 도태산이라고 하며 고려에 접해 있다."고 하여 백두산을 태백산으로 불렀음을 알 수 있다.62) 그러나 『신당서』「동이열전」 고구려조에 보면

    고[구]려는 본래 부여의 별종이다. 국토는 동으로는 바다를 건너 신라에 이르고, 남으로는 역시 바다를 건너 백제에 이른다. 서북으로는 요수를 건너 영주와 접하고, 북은 말갈과 접한다. 그 나라의 임금이 살고 있는 곳은 평양성으로 장안성이라고도 부르는데, 한대의 낙랑군으로 장안에서 5천 리 밖에 있다. 산의 굴곡을 따라 외성을 쌓았으며, 남쪽은 패수와 연해 있다. 왕은 그 좌측에 궁궐을 지어 놓았다. 또 국내성과 한성이 있는데 별도라 부른다. 물은 대요와 소요가 있다. 대요는 말갈의 서남쪽 산에서 흘러나와 남으로 안시성을 거쳐 흐른다. 소요는 요산의 서쪽에서 흘러나와 역시 남으로 흐르는데, 양수가 새외에서 나와 서쪽으로 흘러 이와 합류한다. 마자수가 있어 말갈의 백산(白山)에서 흘러나오는데, 물빛이 압두와 같아서 압록수로 불린다. 국내성의 서쪽을 거쳐 염난수와 합류한 다음, 다시 서남으로 [흘러] 안시[성]에 이르러서 바다로 들어간다. 평양은 압록강의 동남쪽에 있는데, 큰 배로 사람

    [唐] 魏徵 等 撰(1974), 『隋書』 第6冊, 北京, 中華書局, p.1821.

61) 『北史』 卷九十四 「列傳」 第八十二 勿吉國條: "國南有從太山者, 華言太皇, 俗甚敬畏之, 人不得山上溲汚, 行逕山者, 以物盛去. 上有熊虎豹狼, 皆不害人, 人亦不敢殺."

    [唐] 李延壽 撰(1974), 『北史』 第10冊, 北京, 中華書局, p.3124.

62) 『新唐書』 卷219 「列傳」 第144 北狄 黑水靺鞨條: "粟末部, 居最南, 抵太白山, 亦曰徒太山, 與高麗接."

    [宋] 歐陽修, 宋祁 撰(1975), 『新唐書』 第20冊, 北京, 中華書局, p.6177.

이 건너다니므로, 이를 해자로 여긴다.63)

라고 하면서 백두산을 백산으로 기술하고 있다. 이것이 이른바
『신당서』 고구려전이나 『통전』64) 고구려조65)에 나오는 백산으로
서 오늘날 백두산을 말한다. 우리나라에서는 신라 성덕왕 이후로
백두산이라고 불렀으나, 중국에서는 송대 이후로 장백산이라고 불

---

63) 新唐書 卷二百二十 列傳 第一百四十五 東夷 高麗: "高麗, 本扶餘別種
也. 地東跨海距新羅, 南亦跨海距百濟, 西北度遼水與營州接, 北靺鞨.
其君居平壤城. 亦謂長安城, 漢 樂浪郡也, 去京師五千里而贏, 隨山屈繚
爲郛, 南涯浿水, 王築宮其左. 又有國內城·漢城, 號別都. 水有大遼·
少遼: 大遼出靺鞨西南山, 南歷安市城, 少遼出遼山西, 亦南流, 有梁水
出塞外, 西行與之合. 有馬訾水出靺鞨之白山, 色若鴨頭, 號鴨淥水, 歷
國內城西, 與鹽難水合, 又西南至安市, 入于海. 而平壤在鴨淥東南, 以
巨舫濟人, 因恃以爲塹."
　　[宋] 歐陽修, 宋祁 撰(1975), 『新唐書』第20册, 北京, 中華書局, p.6185.
64) 唐나라의 宰相 杜佑(735～812)가 편찬한 制度史로 모두 200권이다.
766년에 착수하여 30여 년에 걸쳐 初稿가 완성되고, 그 후에도 많은
補筆이 있었던 것으로 추정된다. 현종(玄宗, 재위 712～756) 시대에
劉秩이 撰한 『政典』35권을 核으로 하여, 역대 正史의 志類를 비롯
해서 紀傳·雜史·經子, 當代의 法令·開元禮(玄宗 때의 禮制) 등의
資料를 參照하여, 食貨(經濟)·選擧(官吏登用)·職官·禮·樂·兵·
刑·州郡·邊防의 각 부문으로 나누어, 上古로부터 中唐에 이르는
國制의 要項을 綜合한 것이다. 때에 따라서는 저자의 의견도 삽입하
였다. 構成이 질서정연하고, 내용이 풍부하여 中唐 이전의 制度를 통
람하는 데 가장 유용한 책이다. 이 책은 北宋의 宋白 등의 『續通典』,
南宋의 鄭樵의 『通志』, 元나라 馬端臨의 『文獻通』 등에 큰 영향을
끼쳤다. [네이버 백과사전]
65) 『通典』卷一百八十六「邊防二」東夷下 高句麗條: "大梁水在國在西,
出塞外, 西南流注小遼水. 馬訾水一名鴨綠水, 水源出東北靺鞨白山, 水
色似鴨頭, 古俗名之."
　　[唐] 杜佑 撰(1988), 王文錦等點校, 『通典』, 第5册, 北京, 中華書局,
p.5015.

렀다. 백산이나 또는 태백산은 그 산이 높고 신령스러워 붙인 이름이다. 그러므로 도태라는 것도 이와 관련이 있는 것으로 추측된다. 백두산은 송대부터 중국인이 장백산이라고 부르게 되어 현재에 이르고 있다.

宋末 馬端臨이 저술한 『문헌통고』66)에 보면, 다음과 같이 나와 있다.

> 여진은 대개 옛날 숙신씨이다. 대대로 혼동강 동쪽에 살았다. 장백산(長白山)은 압록수의 근원인데, 남쪽으로 고려와 이웃하고 북으로 실위와 접하고 서쪽으로 발해철전과 경계를 이루고 동쪽으로 바다에 이른다. 후한 때는 읍루라고 했고 북위 때는 물길이라고 했으며 수당 때는 말갈이라고 하였다.67)

그 이후, 중국에서는 '장백산'이라는 이름이 요, 금 시기부터 보

---

66) 『文獻通考』는 중국 宋末, 元初의 학자 馬端臨이 著作한 制度와 文物史에 관한 著書로 모두 348권이다. 높은 政治家의 見識과 歷史家의 精神으로 전후 20년에 걸쳐 完成하여 1319년에 刊行하였다. 唐나라의 杜佑 著作인 『通典』, 송나라의 鄭樵 著作인 『通志』와 아울러 三通이라 불린다. 三通의 特徵은, 『通典』은 禮에 자세하고, 『通志』는 紀傳이 대부분이지만, 本書는 주로 경제·제도에 대해 기술하였다. 또, 앞의 둘이 당대까지의 기술인 데 대하여 本書는 南宋의 寧宗(재위 1194~1224)대까지 기술하여 唐·宋의 변혁기를 포함하고 있는 점이 가장 중요하다. 體制는 田賦·錢幣·戶口·役·征榷·市糴·土貢·國用·選擧·學校·職官·郊社·宗廟·王禮·樂·兵·刑·經籍·帝系·封建·象緯·物異·輿地·四裔 등 24項目으로 되어 있다. [네이버 백과사전]

67) 『文獻通考』 卷327 「四裔考」4 女眞條: "女眞蓋古肅慎氏 世居混同江之東 長白山鴨淥水之源 南鄰高麗 北接室韋西界渤海鐵甸 東瀕海 後漢謂之挹婁 北魏謂之勿吉 隋唐謂之靺鞨." 馬端臨 撰(1999), 『文獻通考』 下冊, 北京, 中華書局, p.2570.

편적으로 사용된 것으로 보인다. 『요사』 「백관지」 성종 통화 30년 (A.D. 1012)조에 "長白山三十部女直"[68]이라 했고, 宋人 葉隆禮가 淳熙 7년(A.D. 1180)에 엮은 『契丹國志』 권27 「歲時雜記」의 長白山條에

> 장백산은 냉산 동남 천여 리에 있는데 대개 백의관음이 거하는 곳이다. 그 산의 날짐승과 들짐승은 모두 희다고 하였다. 사람이 감히 들어가지 못한 것은 혹시 그 사이가 너무 우거져서 뱀과 살무사의 해를 입을까 두려워서이다. 흑수는 여기에서 발원하는데 옛날에 속말하라고 일컬었다.[69]

라고 한 것에서 보아도 백두산은 당시 깊이 알려져 있지 않은 비경이었다.

또 금대에 와서도 백두산은 장백산으로 불리었다. 『금사』 외국 열전 고려조에 보면

> 흑수말갈은 옛 숙신 땅에 있었으며, 백산(白山)이라는 산이 있는데, 이는 장백산(長白山)으로 금나라가 흥기한 곳이다. 여직(女直)이 비록 옛적에는 고[구]려에 예속되었으나, 다시 서로 왕래하지 아니한 지 오래되었다. 금나라가 요나라를 멸망시키자 고려는 요나라를 섬기던 옛날 예대로 금나라에 칭신하였다.[70]

---

68) 『遼史』 卷四十六 志第十六 「百官志二」 北面屬國官條 "長白山女直國大王部. 聖宗統和 三十年, 長白山三十部女直乞授爵秩."
   [元] 脫脫 等 撰(1974), 『遼史』 第2冊, 北京, 中華書局, p.756.
69) 『契丹國志』 卷二十七 「歲時雜記」 長白山條: "長白山在冷山東南千餘里, 蓋白衣觀音所居, 其山禽獸皆白, 人不敢入, 恐穢其閒, 以致蛇虺之害. 黑水發源於此, 舊云粟末河."
   [宋] 葉隆禮 撰, 國學文庫 第3編, 中華民國22年(1932), p.342.
70) 『金史』 卷一百三十五 列傳第七十三 外國下高麗條: "黑水靺鞨居古肅愼

라고 하였다.

『금사』「세기」에 "생여진 땅에, 혼동강과 장백산이 있는데, 혼동강은 또한 흑룡강이라고도 이름 하였는데, 소위 '白山黑水'가 바로 그것이다."71) 하였다. 또, 『金史』 長白山等諸神雜祠條를 보면 대정 12년에 칙서를 내려 장백산을 興國靈應王에 봉하고 그곳에 사당을 세웠다고 기술되어 있다.72)

원대에 이르러서도 여전히 장백산이라고 불리었다. 『원사』「외이전」고려조에 이렇게 기술되어 있다.

고려는 본래 기자가 봉해졌던 땅이다. 또 부여의 별종으로 일찍부터 살았던 땅이다. 그 땅은 동쪽으로 신라에 이르고, 남쪽으로는 백제에 이르는데, 모두 큰 바다에 걸쳐 있다. 서북쪽으로는 요수를 지나 영주에 접하고 말갈이 그 북쪽에 있다. 그 나라의 도읍은 평양성으로 곧 한의 낙랑군이다. 물이 있어 말갈의 백산(白山)에서 나오는데 압록강이라 이름 하는데 평양은 그 동남쪽에 위치하여 이를 의지하면서 요험으로 삼았다. 뒤에 땅을 더욱 넓혀 옛 신

地, 有山曰白山, 蓋長白山, 金國之所起焉. 女直雖舊屬高麗, 不復相通者久矣. 及金滅遼, 高麗以事遼舊禮稱臣于金."
[元] 脫脫 等 撰(1975), 『金史』, 第8冊, 北京, 中華書局, p.2881.

71) 『金史』 卷一 本紀 第一 世紀: "五代時, 契丹盡取渤海地, 而黑水靺鞨附屬于契丹. 其在南者籍契丹, 號謂熟女直, 其在北者不在契丹籍, 號謂生女直. 生女直地有混同江, 長白山, 混同江, 亦號黑龍江. 所謂'白山, 黑水'是也."
[元] 脫脫 等 撰(1975), 『金史』, 第1冊, 北京, 中華書局, pp.1-2.

72) 『金史』 卷三十五 志第十六 禮八 長白山條 "大定十二年, 有司言: '長白山在興王之地, 禮合尊崇, 議封爵, 建廟宇.' 十二月, 禮部, 太常, 學士院奏奉勅旨封興國靈應王, 卽其山北地建廟宇. (中略) 明昌四年十月, 備袞冕, 玉冊, 儀物, 上御大安殿, 用黃麾立仗八百人, 行仗五百人, 復冊爲開天弘聖帝."
[元] 脫脫 等 撰(1975), 『金史』, 第3冊, 北京, 中華書局, pp.819-820.

라 · 백제 · 고구려의 세 나라를 통합하여 한 나라로 만들었다.[73]

특히, 청대에는 장백산이 그들 왕조의 발상지이므로 어느 왕조
보다 백두산에 관심을 기울였다. 『청사고』 조선열전에 다음과 같
이 기술하고 있다.

청나라는 장백산(長白山)에서 일어나 몽고를 복속시켜 번방으로
삼았다. 당시에 중원을 도모하려 하였으나, 조선이 명나라에 복속
되어 팔꿈치와 겨드랑이처럼 가까이 있으면서 여러 차례 청나라
의 군대에 항거하였다. 숭덕 2년(A.D. 1637: 조선 인조 15) 두
번째로 그 나라의 국도로 쳐들어가니 [조선]국왕은 항복하고 인질
을 보내어 영원한 신복이 되었다. 이후부터 동방에 대한 우환이
사라져 중원 [경영]에만 전력하였다.[74]

그리고 강희제 때에는 장백산을 둘러싸고 청과 조선과의 국경분
쟁이 있었다.

[강희] 50년(A.D. 1711: 조선 숙종 37) 5월, 황제가 대학사에게

---

73) 『元史』卷二百八 列傳 第九十五 外夷一 高麗條: "高麗本箕子所封之
地, 又扶餘別種嘗居之. 其地東至新羅, 南至百濟, 皆跨大海, 西北度遼
水接營州, 而靺鞨在其北. 其國都曰平壤城, 卽漢樂浪郡. 水有出靺鞨之
白山者, 號鴨淥江, 而平壤在其東南, 因恃以爲險. 後闢地益廣, 并古新
羅 · 百濟 · 高句麗三國而爲一."
[明] 宋濂 撰(1976), 『元史』, 第15册, 北京, 中華書局, p.4607.
74) 『淸史稿』卷五百二十六 列傳三百十三 屬國一 朝鮮條: "有淸龍興長白,
撫有蒙古, 列爲藩封. 當時用兵中原, 而朝鮮服屬有明, 近在肘腋, 屢抗
王事. 崇德二年, 再入其都, 國王面縛納質, 永爲臣僕, 自此東顧無憂, 專
力中夏."
趙爾巽 等 撰(1977), 『淸史稿』, 第48册, 北京, 中華書局, p.14575.

유시하기를, "장백산의 서쪽은 중국과 조선이 이미 압록강을 경계로 삼고 있는데 토문강은 장백산 동쪽 변방에서부터 동남쪽으로 흘러 바다로 들어가니 토문강의 서남쪽은 조선에 속하고, 동북쪽은 중국에 속하여 역시 이 강으로 경계를 삼도록 하였다. 그러나 압록과 토문 두 강 사이의 지방은 그것이 어디에 속하는지를 확실히 알지 못한다."라고 하였다. 이에 목극등을 그곳에 파견하여 국경을 조사케 하였다.[75]

또 강희제는 그의 어제문집에서 중국 오악의 하나인 태산의 산맥은 장백산으로부터 왔다고 기술하고 있다.

고금의 구주의 산맥을 논하면서 단지 화산이 (백)호가 되고 태산이 (청)용이 된다고 말한다. 또한 지리가들이 삼가 말하기를 태산이 특별히 동방에서 일어나 좌우의 날개를 펼치고 막아선다고 한다. 모두 태산의 용[산]이 어느 곳에서 발맥을 했는지 뿌리를 캘 수가 없었다. 짐이 세세히 그 형세를 생각해 보고 땅의 맥락을 찾아보기 위하여 사람을 보내어 항해 측량하게 하였다. 태산은 실은 장백산에서 용을 발한 것임을 알았다. 장백은 오라의 남으로 산이 사방으로 넓게 뻗고, 온갖 샘들이 달려 나가 송화, 압록, 토문의 삼대 강의 근원이 된다. 그 남쪽 사면이 둘로 나뉜다. 일간은 서남쪽 가지인데, 동쪽으로 압록에 이르고 서로는 통가에 이른다. 대저의 고려의 모든 산은 모두 그 가지이다.[76]

---

75) 『淸史稿』 卷五百二十六 列傳三百十三 屬國一 朝鮮條: "[康熙] 五十年五月, 帝諭大學士曰: '長白山之西, 中國與朝鮮旣以鴨綠江爲界, 而土門江, 自長白山東邊流出東南入海, 土門江西南屬朝鮮, 東北屬中國, 亦以江爲界. 但鴨綠·土門二江之間地方, 知之不悉.' 乃派穆克登往査邊界." 趙爾巽 等 撰(1977), 『淸史稿』, 第48冊, 北京, 中華書局, p.14585. 같은 내용이 『淸聖祖實錄』 卷246 康熙 50年 5月條에도 실려 있다.

76) 『四庫全書』 集部, 別集類, 淸代, 『聖祖仁皇帝御製文集』, 第四集卷二十七 '泰山山脉自長白山來': "古今論九州山脉, 但言華山爲虎, 泰山爲

중국인들조차 백두산을 오악의 으뜸으로 칭송하고 있다. 『고금도서집성』, 「방여휘편」에는 백두산에 대해 다음과 같이 설명하고 있다.

　　장백산은 지금의 선창 동남쪽 천삼백여 리에 있는데, 옛날 이름은 불함산이며, 태백산 또는 백산이라고도 한다. 옛 기록에는 횡으로 천 리, 높이 이백 리라고 하였다. 지금 살펴보면 이 산은 동쪽으로 영고탑을 지나가고 서쪽으로 봉천부를 넘어가서 넓게 펼쳐 돌아 나와서, 갑자기 우뚝 높게 솟았다. 모든 산이 여기서 발맥하고 이것은 천 리를 가도 그치지 않는다. 산꼭대기 한 못이 있으니 오봉에 둘러싸여 백천이 산록으로부터 두루 나와 나누어 압록, 토문, 혼동, 삼대 강이 된다. 그 산의 몸체와 세가 높고 크고 그 뻗어 나온 가지들이 끊이지 않고 이어지며 고르게 뻗어 있다. 오악의 으뜸이요, 만산을 굽어본다.[77]

龍, 地理家亦僅云, 泰山特起東方, 張左右翼爲障. 總未根究泰山之龍, 於何處發脉. 朕細考形勢, 深究地絡, 遣人航海測量. 如泰山實發龍於長白山也. 長白綿亙烏喇之南, 山之四圍, 百泉奔注, 爲松花, 鴨綠, 土門, 三大江之源. 其南麓, 分爲二幹. 一幹, 西南指者, 東至鴨綠, 西至通加. 大抵, 高麗諸山, 皆其支裔也."
『文淵閣四庫全書』電子版(1999), 上海人民出版社.

77) 『古今圖書集成』「方與彙編」山川典 長白山部 彙考一, 奉天府東北之長白山: "長白山在今船廠東南一千三百餘里, 古名不咸山, 又名太白山, 又名白山. 舊志稱橫亙千里, 高二百里. 今按, 此山東過寧古塔, 西趨奉天府, 而開運隆業. 諸山皆發脉於此, 蓋不止千里矣. 山巔一潭五峰, 環遶百泉, 自山麓旁, 出分爲, 鴨綠, 土門, 混同, 三大江. 其體勢高, 大支裔綿遠洵足. 雄冠五嶽, 俯視萬山."
陳夢雷 集成原編, 楊家駱 類編主編(1977), 『古今圖書集成』, 臺北, 鼎文書局.

56

3. 백두대간의 명칭

백두대간이란 백두산에서 뻗어 내린 큰 산줄기라는 뜻이다. 그렇다면 백두대간이란 명칭은 백두산이라는 명칭이 생겨난 이후에 파생된 개념일 것이다. 따라서 백두산의 개념이 어떻게 심화되어 백두대간으로 자리매김했는지 검토해 볼 필요가 있다.

고구려와 발해가 망한 후 상실된 백두산에 대한 인식은 그 땅을 회복하고 나서야 자연스럽게 돌아오는 것이 가능할 것이다. 한민족이 백두대간에 대해 다시 제대로 인식하기 시작한 것은 세종 24년 동북육진이 설치되어 백두산이 조선의 강역으로 수용된 이후일 것으로 추측할 수 있다.[78]

백두대간이라는 용어가 문헌상에 최초로 나타난 것은 이익의 『성호사설』「천지문」백두정간조이다.

> 백두산은 동방 산맥의 조종산이다. 철령에서부터 서쪽으로 뻗은 여러 가지가 모두 서남쪽으로 달렸다. 철령에서 태백산과 소백산에 이르면 하늘에 닿도록 높이 솟았는데, 이것이 정간(正幹)이 되고 그 사이에 있는 여러 줄기는 모두 서쪽으로 달려갔으니, 이것이 술가에서 말하는, '양류지'라는 것이다. (중략) 즉 산이 다한 곳에 물이 모여든 형국으로, 거친 살기가 자취 없이 벗어진 것이다. 왼쪽으로는 동해를 옆에 끼고 있어 큰 호수처럼 정해지니 백두대간(白頭大幹)과 더불어 그 시작과 끝을 같이하였다.[79]

---

78) 『擇里志』「八道總論」咸鏡道: "莊憲大王, 使金宗瑞北拓地千餘里, 至豆滿江, 設六鎭及兵營, 於江邊. 而女眞窟穴之在白頭東南者擧皆入版圖矣."
이하『擇里志』의 原文은 李重煥 지음, 이익성 옮김(2003),『擇里志』, 서울, (주)을유문화사에서 인용하였다. 李重煥 지음, 李翼成 옮김(2003),『擇里志』p.305.

또 『성호사설』 권지일 「천지문」 동국지도조에 보면 우리나라 지형을 개괄적으로 설명한 부분도 등장한다.

대체로 우리나라의 지형은 북쪽이 높고 남쪽은 낮으며 가운데는 어지럽고 아래는 넘쳐 난다. 백산(白山)은 머리가 되고, 대령은 등뼈가 되어 마치 사람이 머리를 기울여 등을 구부리고 선 것 같다. 그리고 대마도와 탐라는 양쪽 발같이 되었다.80)

조선의 지도를 설명한 다음 글에서도 백두대간에 대한 내용이 나온다. 지도에 관한 설명이라 특이하고 희소성이 있는 기록으로 보인다.

나라의 군현은 지도에 기재되어 있으나 간략하고 상세하지 못하여 상고할 수 없었다. (삼국이) 통합된 뒤 이후에 비로소 고려도가 있었으나, 누가 제작한 것인지 아직 알 수 없다. 그 산을 보면 백두산에서 시작하여 비스듬히 줄지어 내려오다가 철령에 이르러 갑자기 솟아 풍악이 되고, 중첩되어 태백산·소백산·죽령·계립·삼하령·추양산이 되었다. 중대는 운봉에 걸쳤는데, 지리와 지축이 여기에 이르러 다시 바다를 지나 남쪽으로 가지 않았다. 청숙한 기운이 쌓이고 쌓였으므로 산이 극히 높고 다른 산은 이만큼 높지 못한 것이다. 그 등뼈 서쪽의 물은 살수·패강·벽란·

---

79) 『星湖僿說』 卷之一 「天地門」 白頭正幹: "白頭是東方山脈之祖也. 自鐵嶺以西衆枝, 皆西南走. 自鐵嶺至大小白, 而峻極于天, 是爲正幹,其間衆枝, 皆西走, 術家所謂楊柳枝也. (中略) 卽山盡水會, 而麗厲殺氣, 脫去無迹也. 左旁東海, 乃凝定一大湖, 與白頭大幹, 同其始終."
이하 『星湖僿說』의 원문은 李瀷(1989), 『星湖僿說』v.1, 고전국역총서 107, 서울, (주)민문고에서 인용하였다.

80) 『星湖僿說』 卷之一 「天地門」 東國地圖: "蓋我國地形, 北高南低中戡而下羸. 白山爲頭, 大嶺爲脊, 若人之側腦僂背而立. 對馬耽羅如兩趾." 李瀷(1989), 『星湖僿說』v.1, p.7.

임진·한강·웅진이라 하는데 모두 서해로 들어가고, 그 등뼈 동
쪽으로 흐르는 물 중에서 오직 가야진이 남쪽으로 흘러간다. 원기
가 융결하여 산과 물이 경계를 이루니, 그 풍기의 구역과 군현의
지경을 이 지도로 가히 볼 수 있다.[81]

『퇴계집』도 백두대간의 개념이 어느 정도 드러나는 문헌이다.

　　방장산은, 즉 지리산인데, 전라남도 남원부 동쪽 60리에 있다.
산세가 높고 크며 수백 리에 자리 잡고 굳게 막아 지키고 있다.
백두산맥(白頭山脈)이 흘러 여기에 이르렀다. 그러므로 두류산이
라 이름 한다.[82]

　위의 내용은 『고려사』에 인용된 도선국사의 말과도 일맥상통하
는 백두대간의 개념이다.
　기존의 산맥 구분체계에 비해 백두대간체계는 상당히 독특하고
전통지리학적인 측면이 강하다. 백두대간은 지도상에서 그 모습이

---

81) 『東文選』第92卷 三國圖後序: "本朝郡縣, 載於圖籍者, 略而不詳, 無以
　　考驗也. 統合以後, 始有高麗圖, 未知出於誰手也. 觀其山自白頭, 逶
　　邐至鐵嶺, 突起而爲楓岳, 重複而爲大小伯, 爲竹嶺, 爲雞立, 爲三河
　　嶺, 趨陽山, 而中臺亘雲峯, 而地理地軸至此, 更不過海而南. 淸淑之
　　氣, 於焉蘊蓄, 故山極高峻, 他山莫能兩大也. 其脊以西之水, 則曰薩
　　水, 曰浿江, 曰碧瀾, 曰臨津, 曰漢江, 曰熊津, 皆達于西 海, 脊以東,
　　獨伽耶津南流耳. 元氣融結, 山川限帶, 其風氣之區域, 郡縣之疆場,
　　披圖可見已."
　　民族文化推進會(1976), 古典國譯叢書 31, 國譯『東文選』Ⅶ 第92卷,
　　서울, 民族文化推進會, p.723.
82) 『退溪集』退溪先生文集攷證卷之一 第一卷 詩 題黃仲擧云云 "方丈山
　　卽智異山, 在全羅道南原府東六十里. 山勢高大, 雄據數百里. 白頭山脈,
　　流至于此, 故又名頭流."
　　李滉(1989), 影印標點 韓國文集叢刊 31『退溪集』Ⅲ, 서울, 民族文化
　　推進會, p.279.

나 이름이 뚜렷하지만 그 밖의 정간, 정맥들의 이름들은 매우 생소하다. 그러나 정간과 정맥들의 이름을 자세히 살펴보면 그렇게 복잡한 구분이 아니라는 것을 쉽게 알 수 있다.

현대 지형학으로 보면 백두대간체계는 분수계를 나타내는 것이다. 백두대간의 산수체계에 사용된 명칭은 각각의 분수계에 해당하는 강의 이름을 사용했다. 금북, 한남, 낙남 등의 의미가 금강 북쪽, 한강 남쪽, 낙동강 남쪽이라는 것을 알고 나면 정간, 정맥에 붙은 다소 복잡한 명칭이 쉽게 이해된다.

김길남은 그의 책에서 『산경표』를 이용하고 백두대간의 산수체계를 이해하면 여러 가지 문화, 역사지리적인 이해가 빨리 된다고 보고 있다.

문경새재가 아주 중요한 고개라고 하는데도 왜 그렇게 중요한지를 알 수가 없었다. 그러나 『산경표』를 보라. (중략) 『산경표』는 이러한 상황을 그림 보듯이 선명하게 보여 준다. 산경(山經)은 뱃길뿐만 아니라 이 땅의 모든 생활영역의 자연스러운 분수계를 이루고 있다. 식생활과 주거양식, 언어권, 옛 보부상의 상권, 5일장의 상권, 배산임수의 취락분포 등등이 모두 산경의 줄기를 따라 한눈에 모습을 드러낸다.[83]

백두산에서 시작된 백두대간은 만주로도 뻗어 나가지만 이중환은 『택리지』에서 백두산의 주맥이 속리산을 거쳐 지리산으로 이어지고 담양 추월산과 광주 무등산으로 이어져 영암 월출산이 되고 월출산에서 갈라진 한 맥이 해남현을 지나 남해 복판의 여러 섬이

---

83) 김길남(1999), 『한눈에 보이는 한국지리』, 서울, 내일을 여는 책, pp.119 - 120.

되었고 바다를 건너 제주도 한라산이 되었으며 혹은 그 맥이 바다를 건너 유구국이 되었다고 하였다.

백두대간은 이처럼 백두산에서 북으로 만주지방으로 퍼져 나가고, 남으로는 지리산을 거쳐 제주도와 오키나와까지 이어지는 우리 문화와 민족 공동체의식의 핵심이 되는 중요한 의미를 갖고 있다.

4. 문화상징으로서의 백두산과 백두대간

우리가 살아갈 21세기는 문화가치가 사회를 지배하는 시대가 될 것이다. 독창적인 문화를 가진 국가와 국민들은 세계와 경쟁해야 하는 지구촌시대에 남다른 전략과 수단을 갖춘 것으로 볼 수 있다. 그만큼 문화는 눈에 보이는 것 이상의 그 민족 고유의 무형적 자산을 함유한 정신적 가치의 외부적 표현이다.

2006년 문화관광부는 우리민족의 정신적 사유의 기저에 흐르는 문화적 특징과 민족문화의 정수를 찾기 위해 100대 민족문화상징을 발굴하여 선정하였다.

100대 민족문화상징이란 우리 민족이 과거부터 현재에 이르기까지 공간적·시간적 동질감을 바탕으로 형성해 온 문화 중 대표성을 가진 100가지 상징을 말한다. 백두산과 백두대간은 문화부가 선정한 한국의 100대 상징에 포함되어 있다.[84] 100대 민족문화상

---

84) 100대 민족문화상징은 분야별로 고른 선정을 위해 민족상징, 강역 및 자연상징, 역사상징, 사회 및 생활상징, 신앙 및 사고 상징, 언어 및 예술 상징의 6대 분야로 나뉘어 발굴되었다. 백두산과 백두대간은 강역 및 자연 상징 부분에 포함되어 있다. 문화부가 1년 이상 각계각층의 의견을 수렴해 최종 결정했다. 100대 상징의 선정은 우리

징의 선정이유는 다음과 같다.

[표-1] (100대 민족문화상징 중에서. 숫자는 선정순서)

4	백두대간	한반도의 등뼈. 그 자체로 넓은 지역과 사람들, 문화를 두루 내포함
5	백두산	한민족의 성산(聖山), 한반도에서 제일 높은 산, 백두대간의 시작
8	대동여지도	한반도 강역을 가장 정확하고 포괄적이며 상세하게 그린 지도

백두산과 백두대간의 선정 이유를 보면 이 두 가지의 민족문화 상징이 우리 민족에게 얼마나 깊은 영향을 미치고 있는지 짐작할 수 있다.

우리나라에서는 예로부터 산을 신성시하는 경향이 있었으며, 十二宗山, 五嶽, 四大名山 같은 것을 정하여 이를 우러러보았다. 지역에 따라서는 성산을 정해 놓기도 하고, 또 높은 산에는 白·佛·毘盧·天·皇·王·金剛·龍 같은 글자를 택하여 이름을 붙였다.85)

우리나라는 국토의 약 70%가 산지이지만86) 2,000m 이상의 높은 산은 적다. 그리고 높은 산은 북부지방과 백두대간에 몰려 있다. 그 백두대간의 시작점에 해당하는 백두산은 신성한 장소로 대

문화의 원형으로 상징성을 갖고, 문화예술적 콘텐츠로서 활용이 가능하며, 유네스코 지정문화재 등 세계화에 기여도가 높은 것을 기준으로 하였다. 문화부 홈페이지 참조(http://www.mct. go.kr/index.jsp).

85) 권혁재(1993), 『한국지리』, 서울, 법문사, p.44.

86) 해발 500~1,000m의 산지는 국토의 약 20%를 차지하는 반면에 200~500m의 산지가 약 40%에 달한다. 한반도의 평균 고도는 482m로서 아시아의 그것인 960m에 비해 상당히 낮다. 권혁재(1993), 『한국지리』, 서울, 법문사, p.44.

대로 숭앙을 받아 왔다.

대동여지도에서도 백두산은 특별 취급을 받아 실제보다 과장되게 그려져 있다. 누구든지 지도상으로만 봐도 압도되는 느낌을 받을 것이다.

한민족에게 백두산은 민족과 국가의 발상지이며, 생명력 있는 산으로서 민족의 聖山·神山으로 국가의 공식행사로서 제사를 받아 왔다. 고조선 이래 부여·고구려·발해 등이 백두산에 국가의 기원을 두고 있다.

산악숭배로서는 밝달[白山]이란 산명이 각지에 많이 있는 것이 그것을 증명한다. 따라서 이것은 단군신화에서는 태백산으로 나타나지만, 본래는 백산으로서 큰 것을 태백산, 적은 것을 소백산이라고 하였다. 오늘날은 백두산이 성산으로 신앙되어, 그러한 산악숭배의 흔적을 남기고 있다.[87]

백두산은 한국인이 늘 부르는 애국가의 첫 소절에 등장한다. 한국인이라면 누구나 어려서부터 백두산을 고조선과 관련지어 생각한다. 또 잃어버린 강토를 찾고 분단된 조국을 통일하는 구심점으로 자연스럽게 받아들이고 있다. 그런데 이런 문화적 전통 내지 백두산에 대한 상징성은 고구려 시대부터 있어 왔고[88] 고려 중기 이후에는 확고하게 우리나라 사람들의 뇌리에 각인된 것 같다. 고려의 대몽항쟁 이후에 강화되기 시작한 백두산과 고조선에 대한

---

87) 高麗大學校民族文化研究所(1979), 『韓國文化史大系1』, 서울, 高大民族
文化研究所出版部, p.351.
88) 滿洲 集安의 高句麗 무덤 방향이 전부 백두산을 향하고 있다는 사실
에서 백두산에 대한 高句麗人들의 백두산에 대한 인식을 추측할 수
있다. 高句麗의 국내성 지역의 모든 무덤은 正北에서 53° 동쪽으로
한 치의 어긋남도 없는 배치를 보여 준다고 한다. 그 방향은 바로
백두산을 머리에 둔 것이다. 한겨레신문 2004년 4월 15일자 기사 참조.

관심은 조선시대에 약화되었다가 일제에 나라를 **빼앗**기면서 다시 강조되어 왔다.

지리학의 주요 연구 테마의 하나인 지도는 그 나라 사람의 생각과 정신이 반영된 것이다. 조선시대의 고지도를 보면 대부분의 지도에서 유독 백두산만은 특별하게 그려져 있다. 그 지도를 분석해 보면 상대적으로 크게 표시하거나 백두산의 상징성인 흰색을 강조하여 채색한 것을 알 수 있다.[89]

백두산은 일반적으로 한민족에게 성산으로 인식되어 왔다. 아울러 백두산의 꼭대기에 위치한 천지는 그 높이와 바다와 같은 호수로 인해 외경의 대상이었다. 단군의 역사시대는 물론, 고구려와 발해를 거쳐 고려와 조선시대에 이르기까지 한민족의 상징과 구심점 역할을 해 왔다고 해도 과언이 아니다.

> 백두산은 한민족의 마음속 깊이 자리 잡은 성산이다. 우리 민족의 삼신산 중의 하나요, 개국 신화가 깃든 곳이고, 상고시대·삼국시대·고려·조선시대를 지나오면서 겨레의 정신적 지주로 우리를 이끌어 온 가슴 설레는 영산이다.[90]

우리 민족은 산을 인간의 몸처럼 여겨 왔다. 백두산에서 **뻗**은 큰 산줄기를 한반도의 등줄기로 보았고, 그것을 백두대간이라고 불렀다. 지금도 많은 젊은이들이 국토종단이나 순례라는 이름으로 해마다 백두대간을 밟는다. 예나 지금이나 우리 민족에게 백두대간은 정신적 기원으로 여겨지고 있는 증거다.[91]

---

89) 이것에 대해서는 5장에 분석되어 있다.
90) 한국문원편집실 엮음(1995), (분단 50년)북한을 가다 2, 『백두산·칠보산』, 서울, 한국 문원, p.29.
91) 산림청(2006), 『백두대간 백서』, 대전, 산림청, p.21.

백두대간이 우리 민족에게 주는 이런 상징성 때문에 일반대중들의 백두대간에 대한 관심과 복원운동92)은 전향적으로 진행되었다. 정부 부처에서는 최초로 산림청이 『백두대간 문헌집』을 발간하면서 시작된 백두대간의 복원과 보호운동은 『2006 백두대간 백서』로 그 중간 마무리를 하였다. 이 백서에 보면 백두대간에 대한 정부의 입장을 어느 정도 확인할 수 있다.

백두대간 보호법이 통과되기 2년 전 교육인적자원부에서도 자라나는 2세들의 교육을 위해 '『백두대간의 이해와 보전』 - 초중고등학교용 교과서 보완 지도자료'라는 81쪽에 달하는 책자를 발간하여 각급 학교에 보급하기에 이르렀다. 즉 자라나는 2세들도 지리학의 영역을 넘어 민족문화상징으로 등장한 백두대간을 학습하고 보존해 나가는 데 앞장서게 된 것이다.

이상에서 역사문헌 속에 나타나는 백두산과 백두대간의 명칭의 유래와 역사를 살펴보았다. 한민족은 적어도 고려 시대 이래 백두산을 신성시하고 제사도 지내며 국토의 조종산으로 숭배해 왔다. 지금도 많은 사람들이 중국이나 북한을 통해 氣를 쓰고 백두산에 오르는 모습을 많이 볼 수 있다.

---

92) 학문과 이성의 범위를 넘어 비정상적으로 발전한 측면이 강하다. 이 것은 山脈體系에 대한 기존의 틀에서 백두대간이라는 새로운 패러다임으로 전환 중인 복원운동자들의 모습이다. 즉 패러다임 쉬프트를 강하게 추진하고 있는 것이다. 특정 패러다임은 모순 없는 세계관, 즉 사회의 구성원들에 의해 당연한 것으로 수용되고 널리 공유되는 일종의 사회적 해석을 의미하는 것이다. 서로에 대해 분노하면서 상대방을 비이성적이고 비합리적이라고 비난하게 되는 이유는 바로 논쟁에서 각 주창자들이 상이하고 갈등적인 함축적 의미를 지니고 있는 서로 다른 문화적 맥락에서 문제에 접근하고 있기 때문이다. 이 갈등의 기저에는 近代地理學의 태동기에서부터 잠재되어 있는 여러 가지 논쟁들(自然地理學인가, 人文地理學인가)도 포함하고 있다.

이러한 사실은 백두산과 백두대간은 그냥 단순한 바위와 흙으로 이루어진 자연지리적인 산만을 의미하는 것은 아니라는 것이다. 백두산과 백두대간은 우리민족의 100대 민족문화상징 중에 수위에 오를 만큼 역사적으로 한민족과 고락을 같이하며 민족의 구심점 역할을 해 온 신성한 존재이며 인문지리학적인 문화자산인 것이다.

Ⅲ. 문헌에 나타난 대간, 정간, 정맥의 명칭

1. 대간의 용례

중국과 한국에서 산을 구별할 때 큰 줄기와 나누어지는 가지로서 幹과 枝(支)를 써 온 것은 오래된 전통이다. 大幹과 正幹은 幹 중에서도 큰 것을 말하고 또 바르게 내려온 것을 말한다. 한글로 말하면 큰 줄기와 바른 줄기 정도로 정리할 수 있을 것이다. 脈이 大幹보다 작은 줄기라고 보면 支脈은 가지 친 작은 줄기이고 正脈 은 대간이나 정간에 비해 바른 작은 줄기란 뜻이 된다.

1) 중국문헌 속의 대간

백두대간은 백두와 대간의 합성어이다. 백두에 대해서는 백두산 부분에서 살펴보았다. 대간이란 용어의 용례를 보면 역사적으로 한국과 중국에서 모두 쓰였음을 알 수 있고 중국에서부터 먼저 사용되었음을 확인할 수 있다.

백두대간에 대한 한국 측 기록은 이익의 『성호사설』「천지문」 에 보인다. 이익은 『성호사설』「천지문」 백두정간조 본문 중에 백 두대간이라는 말을 처음으로 사용하였다. 그 본문을 검토해 보면 이익 이전에 이미 백두대간이라는 용어가 사용되어 왔음을 알 수 있다. 이 용어는 일반적으로 계속 사용되다가『산경표』에서는 하나의 체계를 이루어 정리가 되었다.

대간에 대한 중국 측 기록은 일반적으로 용례를 찾기가 쉽지 않다. 청나라 때의 백과사전인『고금도서집성』93)을 분석해 보면 대간의 용례로 북조대간, 중조대간, 남조대간을 발견할 수 있다.94) 원래이 용례는 명나라 때 장황이 편찬한 백과사전류서인『도서편』95)에

---

93) 정식 名稱은『欽定古今圖書集成』이다. 康熙帝 때의 陳夢雷가 시작한 것을 雍正帝 때의 蔣廷錫이 이어받아 1725년에 완성하였다. 총 권수 1만 권, 목록 40권. 天文을 기록한 曆象彙篇, 地理·風俗의 方輿彙篇, 제왕·백관의 기록인 明倫彙篇, 醫學·宗敎 등의 博物彙篇, 文學 등의 理學彙篇, 科擧·音樂·軍事 등의 기록인 경제휘편 등의 6휘편으로 되어 있다. 이를 다시 32典 6,109部로 세분하였다. 각 부는 彙考·總論·도표·列傳·藝文·選句·紀事·雜錄 등으로 구분된다. 고금의 서적에서 事項別로 뽑아 수록한 책인데, 이를 이용하려면 원본을 찾아보아야 한다.

　中國 最大의 百科事典으로, 당시에는 이를 類書라고 하였다. 原版은 구리활자판인데 매우 稀貴하며, 現在 利用되는 流布本은 1884년 上海圖書集成局에서 刊行된 것으로 誤謬가 많다. 1890년 上海同文書局이 影印한 것에는 考證이 添附되어 있어 流布本보다는 비교적 정확하다. 索引으로『古今圖書集成 分類目錄』(1912년 일본문부성편, 1책),『An Alphabetical Index to the Chinese English Encyclopaedia』(1911년 대영박물관 간행, L. 자일스 편저) 등이 있다. [네이버 백과사전]

94)『古今圖書集成』方輿彙編, 職方典, 職方總部, 輿地總論, 第○六三冊之○六葉: "或又即中 華山川, 大勢分爲三條者. 如長江與南海夾南條大幹, 盡於東南. 海黃河與大江夾中條大幹, 盡於東海. 黃河與鴨綠江夾北條大幹, 盡於遼東. 吳草廬所謂崑崙, 爲西極之祖, 分派三幹, 以入中國, 此又以地脈言也."

　陳夢雷 集成原編, 楊家駱 類編主編(1977),『古今圖書集成』v.8, 臺北, 鼎文書局, p.11.

95) 章潢 編纂. 127권. 1577년 완성. 처음에는『論世篇』이라고 하였다가

서 인용된 것이다. 도서편은 중국의 모든 문헌을 집대성한 『사고전서』96)에 전문이 실려 있다.

중화의 산천 대세는 나누어 삼조가 되니 장강과 남해 사이에 낀 남조대간(南條大幹)은 동남해에서 그친다. 황하와 대강(양자강)이 중조대간(中條大幹)을 끼고 있는데 동해에서 끝난다. 황하와 압록강이 북조대간(北條大幹)을 끼고 요동에서 끝난다. 오초려97)

나중에 『圖書編』이라고 고쳤다. 『皇明詔制』 등 211종의 책에서 資料를 취하고, 많은 그림을 넣어 내용을 알기 쉽게 하였으며, 天地·自然·人事의 전반에 걸쳐 系統的으로 要領있게 記述하였다. 明나라 때의 기사가 가장 많으므로, 明나라 歷史 硏究의 중요한 史料가 된다. [네이버 백과사전]

96) 中國의 대형 종합총서. 淸代 乾隆 38년(1773) 편수에 착수하여 乾隆 47년(1782)에 완성했다. 모두 3,503종 7만 9,337권(文津閣에 보관된 수량)을 수록했다. 經·史·子·集의 4부 44류로 나누었다. 經部는 易·書·詩·禮·春秋·孝經·五經總義·四書·樂·小學의 10류로 나누었다. 史部는 正史·編年·紀事本末·別史·雜史·詔令奏議·傳·史·載記·時令·地理·職官·政書·目錄·史評의 15류로 나누었다. 子部는 儒家·兵家·法家·農家·醫家·天文算法·術數·藝術·譜錄·雜家·類書·小說家·釋家·道家의 14류로 나누었다. 集部는 楚辭·別集·總類·詩文評·詞曲의 5류로 나누었다. 전체를 모두 7질로 만들어서 內廷四閣이라 불리는 北京宮 내의 文淵閣, 圓明園의 文源閣, 奉天(지금의 遼寧省 瀋陽市 故宮의 文溯閣), 熱河(지금의 河北省 承德市의 文津閣과 江浙三閣이라 불리는 鎭江 金山寺의 文宗閣, 揚州 大觀堂의 文匯閣, 杭州聖因寺 行宮의 文瀾閣에 각기 나누어 보관했다. 책을 수집하는 것에서부터 초고를 만들 때까지 16년이 걸렸고 편수·기록에 참가한 문신·학자·기록관은 4,000여 명에 달했다. 文匯閣과 文宗閣은 1853년 戰火로 없어졌고, 文源閣은 1860년 영국－프랑스 연합군이 베이징을 침입했을 때 불타 없어졌다. 文瀾閣本은 杭州 浙江省 도서관에, 文淵閣本은 臺灣에, 文溯閣本은 蘭州 甘肅省 도서관에 보관 중이다. 文津閣本은 北京 도서관에 보관 중인데 7질의 책 가운데 가장 완전한 것이다. [엠파스 백과사전]

97) 이름은 澄. 자 幼淸. 시호 文正. 江西省 崇仁縣 출생. 처음에 草屋에

가 말한바, 곤륜이 서쪽 끝의 조산이 되어 삼간으로 나누어서 중국에 들어온다. 이것이 또한 지맥으로서 말한 것이다.98)

　이것은 고대 중국의 산수체계를 서술한 것으로 북조, 중조, 남조의 삼대간으로 산천을 구분한 것이다.

　그런데 송나라 때의 백과사전류인 왕응린99)의 『옥해』에 보면 이 삼대간의 연원이 『사기』 「하본기」 우공편 도구산장에 있다고 되어 있다. 또 반고100)의 『한서』 「지리지」, 『상서정의』 등의 문헌을 수

　서 기거하였는데, 程文海가 이에 草廬라고 이름 하였으므로 學者들이 그를, 草廬 선생이라 부르게 되었다. 벼슬은 宋나라 英宗 때 翰林學士가 되었고, 元나라의 經筵講官의 要職을 지냈으며, 『英宗實錄』을 監修하였다. 許魯齋와 함께 南北의 2대 儒學者라 불린다. 朱子四傳의 弟子로 程朱學을 받들어 道問學을 설파하였다. 한편 同鄕의 先輩인 陸象山의 德行을 學問의 바탕으로 삼아야 한다 하여 朱陸의 合一을 주장하였다. 이 점에서 그는 王陽明의 先驅가 되었다. 또 獨斷的이기는 하지만 經典의 批判도 試圖하였고, 考古學의 先驅者이기도 하였다. 『五經纂言』, 『草廬精語』 등이 有名하며, 文集 53권을 남겼다. [네이버 백과사전]

98) 『四庫全書』 子部 類書類 圖書編 卷三十四: "或又卽中華山川, 大勢分爲三條者, 如長江與南海夾南條大幹, 盡於東南海. 黃河與大江夾中條大幹, 盡於東海. 黃河與鴨綠江夾北條大幹, 盡於遼東. 吳草廬所謂崑崙, 爲西極之祖, 分派三幹, 以入中國, 此又以地脈言也." 『文淵閣四庫全書』 電子版(1999), 上海人民出版社.

99) 中國 南宋 때의 학자(1223～1296), 자는 伯厚, 호는 沈寧居士. 1241년(淳祐 1)에 진사가 되었다. 官職은 禮部尙書兼給事中에까지 이르렀다. 博學하고 經史百家·天文地理 등에 造詣가 깊었다. 掌故制度에 익숙하고 考證에 능했다. 著書로는 『困學紀聞』·『玉海』·『詩考』·『詩地理考』·『漢藝文志考證』·『玉堂類稿』·『深寧集』 등이 있다. 그중에서 『玉海』 200권은 南宋에서 가장 완비된 類書이다. [엠파스 백과사전]

100) 字는 孟堅. 陝西省 咸陽 출생. 彪의 아들. 西域都護 超의 형. 昭의 오빠. 아버지의 遺志를 이어 故鄕에서 『漢書』 編輯에 從事하였으나,

집하여 삼조사열설로 중국의 산수체계를 정리하고 있다.[101]

원래 이 삼대간 체계는 고대 중국에서 황하를 치수한 공으로 하나라를 건국한 우임금이 치산치수를 하는 과정을 적은『상서』우공편 도산도수장을 후대사람들이 체계적으로 해석한 과정에서 나온 것이다. 현재 남아 있는 문헌 중 반고의『한서』「지리지」에 남조와 북조란 용어가 최초로 발견된다.

　　좌풍익군 회덕현은 우공편에서 말하는 북조(北條)형산 남쪽에 있다.[102]
　　남군 임저현은 우공편에서 말하는 남조(南條)형산 동북쪽에 있다.[103]

위의 인용문에는 남조와 북조가 나오는데, 중조까지 삼조를 모두 언급한 문헌은『사기』의 주석서인 색은이다.『사기』「하본기」도구산장을 사마정이 주석하면서 구산을 옛날에는 삼조로 나누었다고 설명하고 있다.

62년경 國史를 改作한다는 중상모략으로 投獄되었다. 超의 노력으로 明帝의 용서를 받아, 20여 년 걸려서『漢書』를 完成하였다. 79년 여러 學者들이 白虎觀에서 五經의 異同을 討論할 때, 皇帝의 명을 받아『白虎通義』를 編輯하였다. 和帝 때 竇憲의 中護軍이 되어 匈奴 遠程에 隨行하고, 92년 두헌의 反亂事件에 緣坐되어 獄死하였다. 文學 作品에『兩都賦』등이 있다. [네이버 백과사전]
101) [宋] 王應麟 撰(1977),『玉海(合璧本)』, 第1册, 京都, 中文出版社, p.427.
102)『漢書』志 卷二十八上 地理志 第八上: "襄德, 禹貢北條荊山在南, 下有彊梁原. 洛水東南入渭."
　　[漢] 班固(1962),『漢書』, 北京, 中華書局, p.1545.
103)『漢書』志 卷二十八上 地理志 第八上: "臨沮, 禹貢南條荊山在東北, 漳水所出, 東至江陵入陽水, 陽水入沔, 行六百里."
　　[漢] 班固(1962),『漢書』, 北京, 中華書局, p.1566.

9산을 따라서 견산이 기산에 미치어 형산에 이르러, 황하를 넘고 호구산과 내수산으로 태악에 이르고, 저주와 석성으로 왕옥에 이르며, 태행과 항산으로 갈석에 이르러 바다로 들어간다. 서경과 주행과 조서로 태화에 이르고 웅이와 외방과 동백으로 부미에 이른다. 파총을 따라 형산에 이르며 내방으로 대별에 이른다. 민산의 남쪽으로 형산에 이르며 구강을 지나 수천원에 이른다.104)

【색은】 : 견산, 호구산, 저주산, 태행산, 서경산, 웅이산, 파총산, 내방산, 민산 이것이 구산이다. 옛날에 나누어 3조가 되었다. 그러므로 지리지(地理志)에 북조의 형산이 있다. 마융(馬融)105)은 견이 북조가 되고 서경이 중조가 되고 파총이 남조가 되었다고 하였다. 정현(鄭玄)106)은 사열(四列)로 나누었는데 견산이 음열이

---

104) 『史記』 本紀 卷二 夏本紀 第二: "道九山, 汧及岐至于荊山, 踰于河, 壺口·雷首至于太嶽, 砥柱·析城至于王屋, 太行常山至于碣石, 入于海, 西傾朱圉·鳥鼠至于太華, 熊耳·外方·桐柏至于負尾, 道嶓冢, 至于荊山, 內方至于大別, 汶山之陽至衡山, 過九江, 至于敷淺原."
   [漢] 司馬遷(1959), 『史記』, 北京, 中華書局, p.67.
105) 馬融(79~166)은 字가 季長으로 陝西省 茂陵에서 出生하였다. 安帝 및 桓帝에 仕官하여 太守가 되었다. 數經에 通達하여 盧植, 鄭玄 등을 가르쳤다. 『春秋三傳異同說』을 짓고, 『孝經』·『論語』·『詩經』·『周易』·『三禮』·『尙書』·『烈女傳』·『老子』·『淮南子』·『離騷』를 註釋했다. 文集 21편이 있었으나 지금은 그 斷片만이 남아 있다.
   [네이버 백과사전]
106) 鄭玄(127~200)의 字는 康成. 北海(山東省) 高密 출생. 시종 在野의 學者로 지냈고, 제자들에게는 물론 일반인들에게서도 訓詁學·經學의 始祖로 깊은 尊敬을 받았다. 젊었을 때부터 學問에 뜻을 두었고, 經學의 今文과 古文 외에 天文·曆數에 이르기까지 광범한 지식욕의 所有者였다. 처음에 鄕嗇夫라는 지방의 말단관리가 되었으나 그만두고, 洛陽에 올라가 太學에 入學하였다. 그 후 馬融 등에게 私事하여, 『易』, 『書』, 『春秋』 등의 古典을 배운 뒤 40세가 넘어서 歸鄕하였다. 그가 洛陽을 떠날 때, 馬融이 "나의 學問이 鄭玄과 함께 동쪽으로 떠나는구나." 하고 탄식하였을 만큼 學問에 힘을 쏟았다. 歸鄕 후 가난한 생활을 하면서 學問을 가르쳤으나, 44세 때에 宦官

되고 서경이 차음열이 되고 파총은 양열이 되고 민산은 차양열이
된다.107)

구산을 위와 같이 이해한 삼조사열설은 한대의 금고문논쟁108)에

들이 학자 등 반대당을 금고한 '黨錮의 禍'를 입고, 집 안에 칩거하
여 研究와 著述에 몰두하였다. 14년 뒤에 금고가 풀리자 何進·孔
融·董卓·袁紹 등의 招聘과, 만년에는 皇帝가 大司農의 官職을 내
렸으나 모두 사양하고 研究와 敎育에 한평생을 바쳐 수천 명의 弟
子를 거느리는 일대 學派를 형성하였다. 그는 古文·今文에 다 정
통하였으며, 가장 옳다고 믿는 설을 취하여 『周易』, 『尙書』, 『毛詩』,
『周禮』, 『儀禮』, 『禮記』, 『論語』, 『孝經』 등 經書의 註釋을 하였고,
『儀禮』, 『論語』 교과서의 定本을 만들었다. 또 何休가 『公羊墨守』,
『左氏膏肓』, 『穀梁廢疾』의 3부작을 펴내자, 그는 『發墨守』, 『鍼膏
肓』, 『起廢疾』의 3부작을 지어 反駁함으로써 何休를 경복시켰다.
그의 著書 중 完全하게 現存하는 것은 『毛詩』의 箋과 『周禮』, 『儀
禮』, 『禮記』의 註解뿐이고, 그 밖의 것은 斷片的으로 남아 있다. 그
잔여 부분은 淸나라 袁鈞의 『鄭氏佚書』에 실렸다. 또 그의 『論語』
註釋의 일부가 근래 新疆維吾爾 자치구의 唐나라 時代의 무덤에서
出土되었다. [네이버 백과사전]

107) 『史記』 夏本紀 第二: "【索隱】 汧, 壺口, 砥柱, 太行, 西傾, 熊耳,
嶓冢, 內方, 岐是九山也. 古分爲三條, 故地理志有北條之荊山, 馬
融以汧爲北條, 西傾爲中條, 嶓冢爲南條. 鄭玄分四列, 汧爲陰列,
西傾次陰列, 嶓冢爲陽列, 岐山次陽列."

[漢] 司馬遷(1959), 『史記』, 北京, 中華書局, p.67.

108) 儒學이 우월한 地位를 갖게 되고 儒家들이 政治權力을 掌握할 길이
열리자 儒學者들 사이에는 서로 자기들이 儒學의 正統을 잇고 있다
는 主張들이 제기되었다. 이때 나온 논쟁이 바로 今古文論爭이다.
焚書坑儒로 인해 古代로부터 전해져 온 經典들이 불타 버려서 儒學
者들은 자기들이 외워 두었던 經典의 내용을 漢나라 때 다시 記憶
을 되살려 당시의 文字인 隸書로 기록하여 책을 만들었다. 이것을
'今文'이라고 불렀는데, 이때 각기 記憶한 내용들이 달랐다. 뿐만
아니라 어떤 사람들은 자기 祖上들이 焚書坑儒를 피해 숨겨 두었던
經典을 발견했다고 하면서 자기들의 책이야말로 진짜라고 主張하였
다. 실제로 孔子의 옛집에서 옛 문서인 篆書로 쓰인 竹簡을 발견하

서 비롯된 것이라고 한다.

『옥해』109) 하본기 우공 구산장 주에 보면 "진씨가 말하기를 견기지열은 황하와 제수가 지나는 곳이요, 서경지열은 이수, 낙수,

---

기도 했는데 새롭게 발견된 經典들의 文字는 당시의 일반적인 文字와는 달랐기 때문에 이 經典들을 '古文'이라고 부른다. 이처럼 漢나라 초기에 儒家 經典의 眞僞 문제를 둘러싸고 論爭이 벌어졌는데, 크게 보아 記憶을 되살려서 쓴 今文經典, 숨겨둔 경전을 찾았다는 古文經典으로 나뉜다. 그래서 이 論爭을 今古文論爭이라고 부른다. 今古文論爭은 단순한 學術的 論爭의 次元에 그치는 것이 아니라 누가 儒學의 正統을 차지하는가 하는 것이 爭點이었다. 그 당시에는 分明한 證據가 없었으므로 論爭은 나중에도 두고두고 再發하였으며, 오늘날에는 竹簡과 帛書의 발견으로 中國學者들 사이에서 爭點은 줄어든 편이다. 今古文論爭은 이후 今文經學과 古文經學이라는 두 갈래의 經學 硏究系列로 中國의 儒學者들을 分化시켰다. 두 系列 사이에서는 漢王朝 이래 最近까지 論爭이 끊임없이 이어져 왔다.

109) 類書란 中國의 經史子集의 여러 책들을 내용이나 項目別로 分類·編纂하여 알아보기 쉽도록 엮은 책의 總稱으로, 지금의 百科事典과 비슷한 것이다. 이 책은 王應麟이 과거 응시 준비를 위해 여러 文獻에 나타난 記錄과 文章을 種類別로 編輯한 것인데 모두 21門, 240類로 구성되어 있다. 門은 天文·律曆·地理·帝學·聖文·藝文·詔令·禮儀·車服·器用·郊祀·音樂·學校·選擧·官制·兵制·朝貢·宮室·食貨·兵捷·祥瑞로 나누었으며, 부록으로 辭學指南 이외에 王應麟의 著書가 添附되었다. 添附 目錄은 「詩考」 6卷, 「漢書藝文志考證」 10卷, 「通鑑地理通釋」 14卷, 「漢制考」 4卷, 「急就」 4卷, 「姓氏急就」 2卷, 「踐阼篇」·「周書王會」·「周易鄭康成注」 各 1卷, 「小學紺珠」 10卷, 「六經天文編」 2卷, 「通鑑答問」 5卷이다. 이 책은 萬曆 18년(1589)에 南京 國子監의 祭酒(제사 모시는 사람, 즉 장자 또는 장손으로서 술을 따르는 의례를 하는 사람) 趙用賢이 明初부터 수시로 썩어서 떨어져 나간 版閣을 增補한 것을 모으고, 다시 완전치 못한 판은 國子監의 儒生들에게 새기게 하여 刊行한 것이다. 따라서 한 책 안에서도 印刷가 다른 장들이 보인다. 「園林文庫」는 明나라 남감본의 형태를 살펴볼 수 있는 貴重本이다.
[네이버 백과사전]

회수, 위수가 지나는 곳이며, 파총지열은 한수가 지나는 곳이요,
민산지열은 강수가 지나는 곳이다."110)라고 하여 사열을 설명하고
있다.

한나라 때 금문가인 마융과 왕숙111)은 삼조설을 주장하고 고문
가인 공안국112)도 삼조설을 따랐으나 마융의 제자이며 금고문을
겸수한 정현이 최초로 사열설을 주장한 것이다.

---

110)『玉海』卷第二十 地理 山川 禹九山條: "陳氏曰 汧岐之列, 河濟所經,
西傾之列, 伊洛淮渭所經,『嶓冢之列, 漢水所經, 岷山之列, 江水所經."
[宋] 王應麟 撰(1977),『玉海 (合璧本)』, 第1冊, 京都, 中文出版社, p.427.
여기서 陳氏란 宋나라의 學者 陳經을 말한다. 그의『陳氏尙書詳解』
에 보면 다음의 내용이 나온다.『四庫全書』經部 書類『陳氏尙書詳
解』卷六: "岍岐之列河水所經, 故首于雍州至冀州, 西傾之列伊洛淮渭
所經, 故首雍州至豫州, 嶓冢之列漢水所經, 故首于梁州至荊州, 岷山之
列江水所經, 故亦首梁州至荊州, 其他衆山可以類推矣."『文淵閣四庫全
書』電子版(1999), 上海人民出版社. 위의 내용을 미루어 볼 때『玉
海』의 編纂者가 陳氏尙書詳解내용을 발췌하여『玉海』에 실었음을
알 수 있다.

111) 字는 子雍. 東海(山東省) 출생. 王朗의 아들. 時事와 制度에 대한 意
見을 建議하여 政治活動을 하고, 散騎常侍의 벼슬에 昇進하였다. 그
의 딸은 司馬文王에게 시집을 가서 晉나라 武帝를 낳았다. 아버지
에게서 今文學을 배웠으나 古文學者 賈逵・馬融의 현실주의적 해석
을 이어, 鄭玄의 讖緯說을 혼합한 통일해석을 반박하였다. 많은 經
書를 註釋하고 신비적인 색채를 실용적인 해석으로 대체하고, 鄭玄
의 禮學(사회생활을 규제하는 학문)體系에 反對하여『聖證論』을 지었
다. 그의 學說은 모두 위나라의 官學으로서 公認받았다. 그 밖의 著
書로『孔子家語』,『古文尙書孔宏國傳』등이 있다. [네이버 백과사전]

112) 字는 子國. 山東省 曲阜 출생.『尙書』古文學의 시조, 孔子의 11대
손. 博士・諫大夫를 지내고, 臨淮 태수에 이르렀다.『詩』는 申公에
게서 배우고,『尙書』는 伏生에게서 받았다. 魯나라의 共王이 孔子
의 옛집을 헐었을 때 蝌蚪文字로 된『古文尙書』,『禮記』,『論語』,
『孝經』이 나왔다. 당시 아무도 이 글을 읽지 못한 것을 今文과 對
照・考證, 解讀하여 註釋을 붙였다. 이것에서 古文學이 비롯되었다
고 한다. [네이버 백과사전]

당나라 때 유명한 주석가인 공영달113)은 삼조사열설을 다른 학설로 보지 않고 정현의 사열설을 남조를 두 개로 나눈 것으로 같은 설이라고 이해했다. 또 천문지리에 통달했던 일행114)은 양계설

---

113) 어려서부터 재능이 뛰어나 隋나라 煬帝 때 明經科에 급제하여 관계에 나갔으나, 양제가 그의 재능을 시기하여 암살하려 하였다. 唐나라의 太宗에게 重用되어 國子博士를 거쳐 國子監의 祭酒·東宮侍講 등을 지내고, 太宗의 信任을 받았다. 文章·天文·數學에 能通하였으며, 魏徵과 함께 『隋書』를 編纂하였다. 王命에 따라 考證學者 顔師古 등과 더불어 五經 解釋의 統一을 試圖하여 『五經正義』 170권을 編纂하였다. [네이버 백과사전]

114) 本名은 張遂로, 지금의 河南省인 魏州의 昌樂에서 태어났다. 어려서부터 聰明하여 經史와 歷象, 陰陽五行의 學問에 精通하였다. 出家하여 嵩山의 普寂禪師에게 禪要를 배웠고, 지금의 湖北省인 荊州 常陽山의 悟眞에게서 律藏을 배웠다. 그 뒤 天台山에 올라가 天台宗의 眞理를 터득하였다. 716년과 720년에 善無畏와 金剛智가 印度에서 唐나라로 와서 密敎經典 飜譯事業을 시작하였다. 그는 善無畏로부터 密敎를 傳受받고 그를 도와 『大日經』을 飜譯하였다. 또, 善無畏의 指導를 받으면서 『大日經疏』(20권)를 完成시켰다. 717년 玄宗의 부름을 받고 長安에 갔는데, 玄宗은 그로부터 많은 影響을 받고 密敎에 귀의하였다. 721년 李淳風이 만든 麟德曆에 의한 日蝕의 豫報가 자주 틀리게 나오자 玄宗은 一行에게 新曆을 編纂하도록 명하였다. 一行은 먼저 梁令瓚과 協力하여 黃道遊儀를 만들어 太陽·달·5行星의 運行 및 恒星의 位置를 測定하였다. 또, 水力으로 움직이는 天球儀을 製作하였다. 723년부터는 南宮說과 더불어 대규모의 子午線 測定을 실시하여 1도가 唐나라의 尺度로 351리 80보(123.7㎞)에 해당한다는 結果를 얻었다. 724년에 曆法 개편작업을 시작하여 曆法에 易의 形而上學을 결부시킨 『大衍曆』(52권)을 완성시켰다. 이 曆法에 의하여 계산된 太陰曆은 그의 사후인 729년부터 전국에 배포되었다. 一行은 일대의 英材로서 尊敬을 받았으나 45세의 젊은 나이에 죽었다. 玄宗이 직접 塔錄을 썼다고 한다. 一行은 密敎史上 위대한 業績을 남긴 사람이지만, 現代 中國에서는 오히려 天文曆法의 科學者로서 높이 평가되고 있다. 시호는 大慧禪師이다.
[네이버 백과사전]

을 주장했는데, 그것은 남조와 북조 2계로 나누는 것이다.

송나라 때 소동파[115]는 지맥설을 주장했는데, 땅에 산이 있는 것은 사람에게 맥이 있는 것과 같다고 하였다.[116] 이것은 땅과 인체를 대비하여 설명한 것으로 인체에 흐르는 맥처럼 땅에도 지맥이 흐른다고 본 것이다. 그러나 주자와 채침은 이 地脈說에 반대하여 山脈說을 주장했다.

산맥이라는 한 단어를 제출하면서 나아가 삼조사열설(三條四列說)에 반대했다. 이후 지리학(地理學)의 산맥(山脈)이라는 용어는

---

115) 眉山(지금의 四川省) 출생. 字는 子瞻, 號는 東坡居士, 愛稱 坡公·坡, 이름은 軾. 蘇洵의 아들이며 蘇轍의 형으로 大蘇라고도 불리었다. 宋나라 제1의 시인이며, 文章에 있어서도 唐宋八大家의 한 사람이다. 22세 때 進士에 及第하고, 科擧試驗의 委員長이었던 歐陽修에게 認定을 받아 그의 後援으로 文壇에 등장하였다. 王安石의 '新法'이 실시되자 '舊法黨'에 속했던 그는 地方官으로 轉出되었다. 天性이 自由人이었으므로 氣質的으로도 新法을 싫어하였으며 "讀書가 만 권에 달하여도 律은 읽지 않는다."고 하였다. 이 일이 災殃을 불러 史上 初有의 筆禍事件을 일으켜 수도로 護送되어 御史의 監獄에 갇히게 되었으며, 이때 나이 44세였다. 심한 取調를 받은 뒤에 湖北省의 黃州로 流配되었으나, 50세가 되던 해 哲宗이 卽位함과 동시에 舊法黨이 得勢하여 禮部尙書 등 大官을 歷任하였다. 皇太后의 죽음을 계기로 新法黨이 다시 勢力을 잡자 그는 中國 最南端의 海南島로 流配되었다. 그곳에서 7년 동안 귀양살이를 하던 중, 徽宗의 卽位와 함께 귀양살이가 풀렸으나 돌아오던 도중 江蘇省의 常州에서 死亡하였다. 그는 폭넓은 才能을 발휘하여 詩文書畵 등에 훌륭한 作品을 남겼으며 座談을 잘하고 유머를 좋아하여 누구에게나 好感을 주었으므로 많은 문인들이 모여들었다. 唐詩가 서정적인 데 비하여 그의 시는 哲學的 要素가 짙었고 새로운 詩境을 開拓하였다. 代表作인「赤壁賦」는 不朽의 名作으로 널리 애창되고 있다. [네이버 백과사전]

116)『四庫全書』經部 書類, 書傳 卷五 "地之有山, 猶人之有脈也."
『文淵閣四庫全書』電子版(1999), 上海人民出版社.

실은 소동파가 처음으로 주장한 지맥에서 유래한 것이다.117)

주자118)와 채침119)은 소동파의 지맥설은 術士堪輿風水之說이라

117) "山脈一詞, 進而反對, 三條四列說. 爾後地理學的山脈一詞, 實由蘇氏
始倡地脈而來."
顧頡剛·劉起釪(2005),『尙書校釋譯論』, 北京, 中華書局, p.764.
118) 字는 元晦·仲晦. 號는 晦庵·晦翁·雲谷山人·滄洲病叟·遯翁 이
름은 熹. 福建省 尤溪 출생. 先祖는 대대로 徽州婺源(安徽省)의 豪
族으로 아버지 韋齋는 官職에 있다가 당시의 宰相 秦檜와의 의견충
돌로 退職하고 尤溪에 寓居하였다. 朱子는 이곳에서 14세 때 아버
지가 죽자 그 遺命에 따라 胡籍溪·劉白水·劉屏山에게 私事하면서
佛敎와 老子의 學問에도 興味를 가졌으나, 24세 때 李延平을 만나
私淑하면서 儒學에 복귀하여 그의 정통을 계승하게 되었다. 그의
講友로는 張南軒·呂東萊가 있으며, 또 論敵으로는 陸象山이 있어
이들과 相互 切磋琢磨하면서 朱子의 學問은 飛躍的으로 發展·深化
하여 中國思想史上 空前의 思辨哲學과 實踐倫理의 體系를 確立하기
에 이르렀다. 그는 19세에 進士試에 及第하여 71세에 生涯를 마칠
때까지 여러 官職을 거쳤으나, 약 9년 정도만 現職에 근무하였을
뿐, 그 밖의 官職은 學者에 대한 일종의 禮遇로서 반드시 現地에
赴任할 필요가 없는 名目上의 官職이었기 때문에 學問에 전념할 수
있었다. 그의 學問을 著書를 통해서 관찰해 보면 46세까지를 前期,
이후 60세까지를 中期, 61세 이후를 後期로 하는 三期로 大別할 수
있다. 朱子年譜에 의해 著書를 順次的으로 列擧하면『論語要義』,『論
語訓蒙口義』,『困學恐聞編』,『程氏遺書』,『論孟精義』,『資治通鑑綱
目』,『八朝名臣言行錄』,『西銘解義』,『太極圖說解』,『通書解』,『程
氏外書』,『伊洛淵源錄』,『古今家祭禮』로 이어져『近思錄』의 編次로
끝맺었다. 이 前期는 북송의 先儒인 周濂溪·張橫渠·程明道·程伊
川의 著書교정과『周禮』에 전념하고,『論語』·『孟子』등은 次期의
豫備事業이었던 것으로 생각된다. 즉 朱子의 學問的 基礎가 확립된
시기로서 그것이『近思錄』에 集約된 것으로 보인다. 그 후에 論敵
이었던 陸象山 형제와의 鵝湖寺 講論에서 尊德性에 대해 道學의 立
場을 분명히 하였다. 中期에는『論孟集註或問』,『詩集傳』,『周易本
義』,『易學啓蒙』,『孝經刊誤』,『小學書』,『大學章句』,『中庸章句』
등이 있으나 가장 중요한 것은 '四書의 新註'가 完成된 점이다. 60

하여 반대한 것이다.[120) 그러면서 주자와 채침은 지맥설과 삼조사열설을 반대하고 독자적인 二條說을 주장했다. 즉 이조설에서 두 개의 대간을 산맥으로 본 것이다.

주자는 산을 따라 북에서 남으로 가는 것이고 導子에 근거하여 남북이조로 나누는데, 이것은 강과 하천을 그 벼리로 삼은 것이다.[121) 주자의 설은 현대지리학의 분수계 이론과 흡사하다.

세 때는 『中庸章句』에 序文을 붙여 上古에서 後代까지 道學을 전한 聖賢의 系統을 밝혀 道學의 基礎를 確立하였다. 後期에는 五經에 손을 대어 『釋尊禮儀』, 『孟子要路』, 『禮書(儀禮經傳通解)』, 『韓文考異』, 『書傳』, 『楚辭集註後語辨證』 등이 있다. 더욱이 71세로 生涯를 마치던 해 3월, 『大學』의 '誠意章'을 改訂한 점으로 미루어 그의 『四書集注』에 대한 至情이 어느 정도이었는지 엿볼 수 있다. 朱子의 政治에 대한 의견은 「壬午應詔封事」나 「戊申封事」에 나타나 있으며 또 浙東의 地方官으로 있을 때 大飢饉를 救濟하였다는 實績도 있으나 晩年에는 權臣의 미움을 사 그의 學問이 僞學이라 하여 많은 迫害를 받았으며, 解禁이 있기 전에 죽었다. 그 후 그의 學問이 인정되어 諡號가 내리고 다시 太師·徽國公이 追贈되었다. 그의 유언을 수록한 것으로는 朱子의 막내아들 朱在가 편찬한 『朱文公文集』(100권, 속집 11권, 별집 10권)이 있고, 門人과의 平生問答을 수록한 黎靖德 편찬의 『朱子語類』 140권이 있다.
[네이버 백과사전]

119) 蔡沈의 字는 仲黙이고 號는 九峰으로 朱熹의 門人으로 유명한 性理學者 蔡元定(1135－1198)의 아들로 建陽(지금의 福建省) 사람이다. 蔡沈은 어려서 주희에게서 배웠고, 30세에 이르러서는 科擧를 포기하고 理學에만 專念하였다. 뒤에 여러 차례 朝廷에서 불렀으나 나아가지 않았다. 明代에는 文正이라고 諡號를 받았다. 蔡沈은 朱熹의 學問을 繼承하여 心學과 心法을 宣揚하였고, 德·仁·誠·敬을 제창하였다. 1199년(宋, 慶元 己未) 겨울에 蔡沈은 朱熹의 명을 받아 『書經集傳』을 쓰기 시작하여 1209년(宋, 嘉定 己巳) 10년 만에 完成하였다. 그는 『書經』의 今文과 古文에 모두 註를 달았으므로 '集傳'이라고 命名하였다.
120) "牽合術士堪輿風水之說, 以反對地脈之說."
顧頡剛·劉起釪(2005), 『尙書校釋譯論』, 北京, 中華書局, p.764.

산맥은 이후 대간과 병존하면서 오늘날까지 쓰이고 있는데, 최초로 산맥이 언급된 중국 측 기록은 오대에서 당나라에 걸쳐 활동한 방간이 찬한 『현영집』에 실린 「육산인화수」[122)라는 시이다. 방간은 300여 편의 각종 시를 남겼으나 한국에는 대중적으로 많이 알려지지 않은 인물이다. 방간은 또 후낭중신치서호[123)라는 칠언율시에서도 산맥을 사용하였다.

채침은 이조설을 이어받아 이것을 다시 둘로 나누었다. 이것은 기존의 사열설은 아니었고 이조설을 세분하여 각 조마다 이 경씩 세분한 것이었다. 이름 하여 북조대하북경, 북조대하남경, 남조강한북경, 남조강한남경으로 나누었다.

명 말의 거유 왕부지[124)는 기존의 삼조사열설과 주자·채침의

---

121) 『四庫全書』 經部 書類 書纂言 卷二: "導山自北而南, 據導字分南北二條, 而江河爲之紀."
『文淵閣四庫全書』 電子版(1999), 上海人民出版社.

122) 『四庫全書』 集部 別集類 漢至五代 玄英集 卷八 「陸山人畫水」: "毫末用功成一水. 水源山脈固難尋. 逶巡便可見波浪, 咫尺不能知淺深." 터럭 끝의 공을 사용해 한물을 이루었다. 물의 근원과 산의 맥은 진실로 찾기 어렵다. 조금씩 뒤로 물러서니 파도가 일어나는 것이 보이고, 지척에 있으면서 그 얕고 깊음을 알지 못하는구나.
『文淵閣四庫全書』 電子版(1999), 上海人民出版社.

123) 『四庫全書』 集部 別集類 漢至五代 玄英集 卷八 「侯郎中新置西湖」: "沙泉遶石通山脈, 岸木粘萍是浪痕."(「후씨 낭중이 새로 서호를 설치하다」: 사천은 돌이 빙 둘러싸서 산의 맥을 통하였다. 언덕 위의 나무에 이끼가 붙어 있는 것은 파도의 흔적이다.)
『文淵閣四庫全書』 電子版(1999), 上海人民出版社.

124) 字는 而農. 號는 薑齋 一瓠道人. 湖南省 衡陽 출생. 만년에 衡陽의 石船山에 살았으므로 王船山 선생이라 불렸다. 1642년 24세로 進士試驗에 合格하였으나, 明나라 遺臣이라는 이유로 淸나라의 벼슬길에 나가지 않았다. 1647년 淸나라 군대가 湖南을 점령하였으므로 桂林으로 향하였으나, 어머니의 병 때문에 귀향하여 石船山에 집을 짓고 讀書와 著作에 몰두하였다. 그의 學問은 老莊思想과 佛敎의

이조설도 우공의 원문에서 나온 것이 아니라고 부정하였다. 그는 경은 경으로서 해석해야 한다는 방법론에 의거하여 우공편의 구산은 구조산계의 이름이라고 주장하였다.[125]

청나라 때『今文尙書考證』을 저술한 皮錫瑞의 연구에 의하면 삼조설은 마융이 주장한 금문가설이고 정현이 주장한 사열설은 고문이설이며 한나라 때는 삼조설이 많이 채택되었다고 한다. 그 증거로 서악화산당궐비, 삼공산비, 백석신군비, 봉용산비, 효갱비, 화산비를 들 수 있다.[126]

또 피석서는 우공 구수장에 대한 마융주에 "북조는 황하로 가고, 중조는 위수, 낙수, 제수, 회수로 가고, 남조는 양자강과 한수로 간다."[127]는 것을 근거로『금문상서』에 있는 삼조지설은 산과

認識論을 비판적으로 섭취하는 한편, 그리스도교와 유럽의 근대과학까지 접근하였다. 16, 17세기 무렵의 변혁기에 즈음하여 近代的 思想을 展開한 사람으로 알려졌고, 黃宗羲・顧炎武와 함께 明末 淸初의 3대 學者라 불렸다. 著書로는『讀通鑑論』,『宋論』,『黃書』,『噩夢』,『搔首問』,『周易外傳』,『四書訓義』 등이 있다. 그의 많은 저서는 대부분 淸朝에 의하여 禁壓되었는데, (19세기 후반에 같은 湖南 출신인 曾國藩에 의하여『船山遺書』라는 이름으로 간행되었다.) 특히『黃書』는 淸末의 革命家들에게 큰 영향을 끼쳤다. 詩文에도 능하여『詩鐸』,『夕堂永日緖論』 등의 시론도 남겼다. [네이버 백과사전]

125)『稗疏』議之云: "王・鄭以三條四列分之, 蔡氏辨其非, 是也. 而蔡氏南北二條復分爲二, 則亦與王・鄭之說, 相去無幾."
    顧頡剛・劉起釪(2005),『尙書校釋譯論』, 北京, 中華書局, p.764.

126) "三條者, 今文家說也. 四列者, 古文異說也. 漢人多用三條之說, 如西嶽華山堂厥碑云, '列三條則居其中'. 三公山碑云, '三條別神'. 白石神君碑云, '參三條之壹'. 封龍山碑云, '三條之列神'. 毆阢碑云, '中條之山, 蓋華嶽之體, 南通相雒'. 皆爲中條, 華山碑亦以太華爲中條 據此諸碑, 皆是漢世通行今文, 多云三條, 罕云四列."
    [淸] 皮錫瑞(1989),『今文尙書考證』十三經淸人注疏, 北京, 中華書局, p.169.

127) "今文尙書有三條之說, '道山, 道水皆有之, 馬注云, 北條行河, 中條行

물을 합한 산수체계라고 주장하였다.

조선시대에 실학을 집대성한 대학자 다산 정약용은 사실 『상서』
를 18년간 연구한 상서학의 대가였다. 그의 저서 『상서고훈』에서
다음과 같이 언급하였다.

정약용이 생각하기를 도라는 것은 순리로 하여금 그것을 이끄
는 것이다. 물은 움직이는 물체요, 사람이 그것을 따라감이 가하
다. 산은 고요하여 그치니 어찌 산을 도할 수 있겠는가? (중략)
고로 두 산의 사이에 반드시 흐르는 물이 있으니 산조수맥이 서
로 교쇄하여 서로 얽힌다. 수맥을 알고자 하면 먼저 산의 가지를
살펴보아야 하고 산조에 도달하지 못하면 수맥을 알 수 없다. 산
의 이치를 따르는 것은 곧 물의 이치를 따르는 것이기 때문이다.
산과 우왕이 서로 따르니 그것을 좇아 바다로 들어가니 마침내
그친다. 이것을 도산이라고 한다. 또한 그렇지 아니한가? (중략)
결론적으로 종합하건대, 도라고 하는 것은 길이며, 이끄는 것이다.
우왕의 치수는 물의 성질을 따른 것이다. 그리고 그 세가 스스로
그런 것에 기인한 것이다. 산은 물에 의해 나누어지고 물은 산에
의해 나누어지니 산줄기와 물줄기가 서로 막고 서로 얽히니 산을
버리고 물을 논할 수 없는 것이다. 그러므로 먼저 산맥을 말하고
그 처음과 끝을 다하고, 그다음에 수맥을 논하여 그 원류를 구별
하는 것이다. 구주 산천이 길을 따라 그 세에 순응하지 않음이 없
다. 누가 그것을 그렇게 하였겠는가? 우가 실로 그것을 하였다.
그러므로 그것을 일러 이끈다고 하는 것이다. 우는 어찌하여 산을
끌고 물을 끌어 바다에 이르게 했는가? 산을 끌어 바다에 들어감
은 산맥이 바다로 들어간 것이요, 물을 끌어 바다로 들어감은 물
이 흘러서 바다에 들어가는 것이다. [지원록][128]

渭, 洛, 濟, 淮, 南條行江, 漢, 是也'."
[淸] 皮錫瑞(1989), 위의 책, p.172.
128) 『與猶堂全書』 第二集 第二十四卷, 『尚書古訓』 卷三 禹貢篇: "鏞案導

위의 설명은 산과 물의 관계를 山水之條理로 설명한 것이다. 산수지조리란 산과 물이 순리에 따르는 것을 말한다. 우공편 도산도 수장에 대한 이천 년간의 논쟁에 대해 다산이 내린 최종적인 결론인 것이다.

위에서 검토해 본 바와 같이 원래 대간은 큰 줄기란 뜻인데, 중국에서는 원래 산과 물에 같은 의미로 사용되었다. 중국의 전통지리 문헌에서 최초로 등장하는 마융의 주를 보더라도 北條大幹, 中條大幹, 南條大幹은 산줄기와 물줄기를 서로 연관된 하나의 체계로 인식한 것이었다.

백두대간에서 대간에 대한 의미를 산줄기로만 보아 왔으나 중국 측 자료를 심도 있게 검토한 결과 대간은 산줄기와 물줄기를 상호 통합한 전통지리학[129]의 인식체계였다.

者引之使順理也. 水動物. 人導之可矣. 山靜而止, 何以導矣. (中略) 故兩山之間, 必有流水, 山條水脈, 交縈而互縈, 欲知水脈, 先察山條, 不達山條 罔知水脈 導山亦所以導水也 山與禹相隨 送之入海而后息焉. 謂之導山 不亦可乎." (中略) "總之導也者, 道也引也. 禹之治水, 順水之性, 而因其勢之自然也. 山以水分, 水以山別, 山條水脈, 交關互縈, 不可捨山而論水也. 故先言山脈, 竭其首尾, 次論水脈, 別其源流, 而九州山川, 莫不順勢以從道. 孰使之然, 禹實爲之, 故謂之導也. 禹何必牽山曳水, 以至於入海乎. 導山之入于海, 山脈入海也. 導水之入于海, 水流入海也. 知遠錄."
丁若鏞(2002), 影印標點 韓國文集叢刊 283, 『與猶堂全書』Ⅲ, p.85-86. 『知遠錄』은 다산의 상서연구서인 『尙書知遠錄』을 말한다.

129) 傳統地理學에 대한 견해로 양보경의 글을 인용한다.
우리의 傳統的인 自然觀을 정리하고 體系化한 이른바 '傳統地理學'이 단절되어 계승되지 못하였을 뿐 아니라 그에 관한 연구조차 부진한 데에도 원인이 있다. 더욱이 '傳統地理學'을 風水와 동일시하여, 우리의 옛 地理的인 思考와 地理學을 風水로 단정하는 경우도 적지 않다. 風水는 우리 先人들이 지녔던 원형적인 自然觀을 잘 보여 주는 地理理論 중의 하나이며, 風水가 前近代 社會에서 지녔던

2) 한국문헌 속의 대간

① 太白大幹

영조 때의 학자 권구[130]는 그의 문집 『병곡집』에서 대간을 사용하고 있다.

역할 또한 막중하였으므로 그 중요성과 연구 필요성을 부인하고자 하는 것은 아니다. 그러나 현재 많은 사람들이 생각하고 있는 風水는 그 본질에서 왜곡된 바가 많거니와, 더욱이 '傳統地理學'의 모든 것을 風水로서 해석하거나, 陰宅風水의 폐해와 부작용을 들어 '傳統地理學'의 풍부한 잠재력마저 재생시키지 못하고 있음은 안타깝기조차 하다. 우리의 '傳統地理學'은 地理志, 地圖, 風水, 그리고 實學的 地理學으로 대별된다. 앞의 세 분야는 朝鮮時代 전 기간에 걸쳐 상호 보완적인 관계를 가지면서 뚜렷한 줄기를 형성하며, '傳統地理學'의 本流를 형성하였다. 實學的 地理學은 17세기 이후 꽃을 피웠던 朝鮮後期의 새로운 조류이다. 양적으로는 앞의 분야들에 비하여 열세이지만, 내용 면에서는 우리 사회 및 지역의 변화와 地理學의 학문적 발달을 역동적이고 선진적으로 보여 주기 때문에 地理學의 새로운 本流를 예고하는 것이었다.
양보경(1994), 『韓國史市民講座』 제14집, 「조선시대의 자연 인식 체계」 서울, 一潮閣, p.70.

130) 權榘(1672~1749). 朝鮮 後期의 학자. 本貫은 安東. 字는 方叔, 號는 屏谷. 李玄逸의 門人으로, 일찍이 科擧를 단념하고 儒學의 傳統을 지키면서 學問研究와 後進敎育에 전념하였다. 그가 살던 鄕里 安東 足積洞에서 社倉을 열어 凶年에 貧民들을 救濟하였으며, 鄕約을 실시하여 고을에 美風良俗을 일으켰다. 1728년(英祖 4) 李麟佐의 난으로 嶺南에 파견된 按撫使 朴師洙에 의하여 적당에 가담할 우려가 있다 하여 서울로 압송되었으나, 그의 人品에 감동을 받은 英祖의 特旨로 곧 釋放되었다. 그는 經學 · 禮說 · 性理學을 깊이 연구하여, 理氣說에는 李滉의 理氣互發說을 全的으로 支持하였다. 기타 天文 · 曆數 · 易學 · 史記 등에도 매우 조예가 깊어 「經義就正錄」 · 「讀易瑣義」 · 「麗史彙纂疑義」 「璣衡註解」 등을 잡저로 남겼으며, 그 밖에도 옛날 名訓을 한글로 번역한 『內政篇』이 있다. 저서로는 『屏谷集』 10권 5책이 전한다. [엠파스 백과사전]

도적령 이후부터 높은 봉우리가 첩첩이 쌓여 단 하나의 평평한
땅도 볼 수 없다. 대개 태백대간이 바다를 따라 남쪽으로 달리니
관동의 모든 산은 모두 [대간과] 같이 가지 못하고 돌아섰다.[131]

　권구는 태백대간이라는 용어로 백두대간의 줄기를 설명하고 있
다. 산에 관한 체계로서 대간을 사용한 것이다. 그가 이익과 동시
대의 인물인 점으로 보아,『성호사설』이 쓰인 시기에 대간이란 용
어는 널리 사용된 것으로 보인다.

② 山脈之大幹

『담헌서』[132]를 저술한 홍대용은 36세(1766년)에 燕京에서 嚴誠ㆍ
潘庭均ㆍ陸飛 세 사람을 만나 의형제를 맺었다. 그가 중국 친구들에
게 조선에 대해 설명하는 부분 중에 다음과 같은 구절이 나온다.

　백두산은 영고탑의 남에 있으니, 이 산은 일국 산세의 조종이
다. 남으로 1천5백여 리를 달려 철령이 되고, 또 1백 리에 금강산
이 되고, 또 남으로 오대산ㆍ설악산ㆍ태백산ㆍ소백산ㆍ조령ㆍ속

---

131)『屛谷集』續集 卷一 詩: "自道積嶺以後, 高峯疊積, 不見一局平土. 蓋
　　太白大幹沿海南走, 而關東諸山, 皆未及回轉."
　　權榘(1997), 影印標點 韓國文集叢刊 188『屛谷集』서울, 民族文化推
　　進會, p.195.
132) 朝鮮 後期의 實學者 洪大容의 시문집. 15책. 필사본.
　　「乾淨衕筆談」은 항저우 출신들과 北京의 乾淨衕에서 처음 만나 돌
　　아올 때까지 서로 筆談한 것을 기록한 것으로, 나라를 달리하고 있
　　는 사람들 사이의 두터운 友情과 洪大容의 훌륭한 人品, 높은 學問,
　　해박한 知識, 그리고 그의 思想과 새로운 見聞 등이 言及되어 있다.
　　『湛軒書』는 5대손 榮善이 1939년 7책으로 활자화하여 新朝鮮社에
　　서 발간하였다. 권수는 내집 4권, 외집 10권, 끝에 부록이 있다. [엠
　　파스 백과사전]

리산·추풍령이 된다. 또 남으로 수백 리에 지리산이 되어 남해
에 도달하여 바다로 들어가 천여 리에 제주의 한라산이 되니 이
는 산맥의 대간(大幹)이다.

백두산 위에 큰 못이 있는데 서로 흘러 압록강이 되어 천여 리
를 가서 서해로 들어간다. 동으로 두만강이 수백 리를 흘러 동해
로 들어가니, 이 두 강물이 중국과 경계를 이룬다. 철령의 물이
서쪽으로 흘러 임진강이 되고 태백의 물이 서쪽으로 흘러 한강이
되어 한양의 남으로 흘러 바다에 들어가고 조령의 물이 남으로
흘러 낙동강이 되어 경상도를 중간에서 가르며 남해에 들어가니
이것이 수원(水源)의 큰 갈래이다.[133]

이 내용은 백두산은 곧 한나라의 조종산이고 산맥의 대간은 백
두산에서 시작하여 지리산에서 끝나는 것이 아니라 제주도 한라산
까지도 연결된 것으로 인식하고 있음을 설명하고 있다. 홍대용은
이익보다 약간 후대사람으로 백두대간체계에 대한 인식은 더욱 굳
혀지고 있음을 알 수 있다.

③ 大幹崑崙始

조선 후기 실학자의 한 사람인 이덕무[134]의 『청장관전서』아정

---

133) 『湛軒書』外集 卷二 杭傳尺牘 乾淨衕筆談: "白頭山在寧古塔之南, 此
一國山勢之祖也. 南走千五百餘里爲鐵嶺, 又百里爲金剛山, 又南爲五臺
山, 雪嶽山, 太白山, 小白山, 鳥嶺, 俗離山, 秋風嶺. 又南數百里爲
智異山, 距于南海, 入海千餘里, 爲濟州漢拏山, 此山脈之大幹也.
白頭山上有大澤, 西流爲鴨綠江, 行千餘里, 入于西海, 東流爲豆滿
江, 數百里入于東海, 兩水爲中國界. 鐵嶺之水, 西流爲臨律江, 太
白之水, 西流爲漢江, 由國都南入于海, 鳥嶺之水南流爲洛東江, 中
分慶尙道而入于南海, 此水源之大派也."
洪大容(1974), 古典國譯叢書 74, 國譯 『湛軒書』, 서울, 民族文化推進
會, p.44.
134) 李德懋(1741~1793)는 宗室 茂林君 定宗의 아들로 字는 懋官, 號는

유고135)에 보면 다음과 같은 내용이 나온다.

雅亭인데 이 밖에 炯庵·靑莊館 또는 東方一士라고도 自號하였다. 靑莊은, 信天翁과 같이 해오라기 종류의 水禽으로서 앞에 닥치는 먹이만을 먹고 사는 청렴한 새라고 한다. 즉 이로써 號를 삼은 것은 말할 것도 없이 그의 性格을 象徵한 것이라 하겠다. 그는 漢城 宗室의 후예로 태어나 어려서부터 穎悟하여 6~7세에 능히 詩를 지어 사람을 놀라게 하였다 한다. 또 그는 탐구벽이 대단하여 별로 師承系統 없이 거의 獨學으로 群書를 섭렵하여 그야말로 博學强記하였으며, 奇聞異語를 抄錄하기 좋아하였다. 정조가 즉위하던 해(1776) 궐내에 奎章閣을 건설한 후 俊才를 뽑아 쓸 때에 특히 李德懋는 최초로 선발되어(39세) 유득공·박제가·徐理修와 함께 檢書官에 임명되니, 세상에서 이른바 四檢書가 그들이었다. 李德懋는 이로부터 궐내 소장의 奇文珍書를 마음대로 열람할 기회를 얻고 또 同僚名流들과 서로 講磨하여 識見을 더욱 넓혔다. 그는 그의 뛰어난 才識으로 正祖의 특별한 知遇를 받아 여러 가지 편찬사업에 참여하지 아니함이 없었고-『國朝寶鑑』·『羹墻錄』·『文苑黼黻』·『大典通編』·『宋史筌』·『奎章全韻』 등과 같은 類-그 후 司䆃寺主簿, 沙斤察訪(지금의 咸陽), 廣興倉·司饔院의 主簿, 積誠縣監 등을 역임하였다. 일찍이(正朝 2년) 그는 赴燕使書狀官 沈念祖를 따라 燕京(北京)에 가서 두루 견문하였는데, 이름난 琉璃廠(북경에 서점이 모여 있던 거리)에는 여러 차례의 발걸음을 아끼지 아니하였다. 여기서 諸鍾異書를 관람하고 또 간간이 그 나라의 문인·才士들과 接見談話하였거니와, 특히 杭州人 潘庭筠과의 交遊가 깊었다.(그의 『入燕記』는 이때의 여행기였다.) [네이버 백과사전]

135) 朝鮮 後期의 實學者·문인 李德懋의 시문집. 12권 6책(5, 6권 1책, 9, 10권 1책 결). 필사본. '靑莊館稿'라고도 한다. 저자 자신이 시문 각체 가운데에서 선집한 것이다. 李德懋가 죽은 뒤에 왕명에 의하여 『雅亭遺稿』가 간행되었다. 이 간본은 필사본에서 간추려 만든 것이므로 편차와 분량이 다르다. 이 책은 권1~4에 시 600여 수, 권7, 8에 書 385편, 권11에 서 47편, 권12에 應旨各體 詩 13수, 序 1편, 傳 2편, 策 1편, 春帖 1편, 柱聯 16구 등이 실려 있다. 저자의 여러 著作 가운데에서 저자 자신이 골라 뽑아 놓은 책이다. 저자의 시문에서 정수만 모아 놓은 것이라 하여도 과언은 아니다. 李德懋의 아들인 光葵가 李德懋의 방대하고 해박한 著作을 모두 망라하여 『靑莊館全書』를 편집하였기 때문에 이 책에 가려서 『雅亭遺稿』는

원래 대간은 곤륜산에서 시작하여
흩어서 여러 지맥을 만들었네.136)

금강산을 노래한 이 시에서 이덕무는 백두산의 줄기가 곤륜산에
서 연원한다고 확신하고 있는 것 같다.

④ 三大幹

조선 숙종 때의 학자 이만부137) 선생은 대간을 다음과 같이 사

그 가치를 크게 발휘하지 못하였다. 그러나 이 책에서는 전서에 나
타난 실학적 사고 이외에도 그의 뛰어난 문학적 재질과 기량을 한
눈에 볼 수 있다. 「應旨各體」는 임금의 명에 의하여 지은 여러 형
식의 시를 모아 놓은 것이다. [엠파스 백과사전]

136) 『靑莊館全書』第二十卷 雅亭遺稿 12 應旨各體 金剛一萬二千峰: "元
知大幹昆崙始, 散作餘支并絡由."
李德懋(2000), 影印標點 韓國文集叢刊 257권, 『靑莊館全書』 서울,
民族文化推進會, p.280.

137) 李萬敷(1664〜1732). 朝鮮 後期의 學者. 本貫은 延安. 字는 仲舒,
號는 息山. 할아버지는 吏曹判書 觀徵, 아버지는 禮曹參判 沃이며,
어머니는 全州李氏로 승지 同揆의 딸이다. 어려서부터 家學으로 學
問을 전수받았고, 志趣가 고상하였으며, 程朱學에 심취하였다. 1678
년(숙종 4) 15세 때 宋時烈의 극형을 주장하다가 濁南에게 몰려 北
靑에 유배된 아버지를 따라가 그곳에서 여러 해 동안 侍奉하며 學
問을 닦았다. 그 뒤 아버지가 流配에서 풀려나 故鄕에 돌아왔으나
벼슬을 단념하고 오직 學問研究에 전념하였다. 그는 累代를 서울에
서 살았으나 嶺南의 學者들과 친분이 있는 관계로 그곳에 移居하여
후진양성과 풍속교화에 힘쓰며 저술활동을 하였다. 1729년(영조 5)
學行으로 長陵參奉과 氷庫別提에 임명되었으나 모두 사퇴하였다.
그는 평소에 周濂溪·程明道·程伊川·張橫渠·朱子 등 五賢의 眞
像을 벽에 걸고 존모하였으며, 李滉을 程朱學의 嫡傳으로 尊崇하였
다. 따라서 性理學的인 견해도 主理的인 경향을 보인다. 晚年에는
易學에 관해서도 깊이 연구하였다. 글씨에 뛰어났으며, 특히 古篆八
分體에 일가를 이루었다. 著書로 문집인 『息山文集』 20책 외에 『易

용하였다.

　　혹 이르기를 천하에 삼대간(三大幹)이 있다고 말한다. 반드시
북간으로부터 온다.[138)

　이만부 선생의 이런 표현은 조선에서도 중국의 삼조설을 인식하
고 있었다는 증거가 되고 대간이 북쪽으로부터 오는 것을 알고 있
었다는 반증이다.

⑤ 『산수고』의 大幹
신경준의 『산수고』에도 대간을 두 번 사용하였다.

㉮ 香嶺大幹
통파령은 부의 북쪽 90리에 있다. 향령대간은 갑산계이다.[139)

㉯ 狼林山南去大幹
낭림산이 남으로, 대간으로 뻗어 간다.[140)

統』3권, 『大象便覽』1권, 『四書講目』4권, 『道東編』9권, 『魯餘論』1
　　권 등이 있다. [엠파스 백과사전]
138) 息山先生文集 목판본. 1813年刊 原集 22권, 別集 4권, 續集 10권,
　　附錄 2권 합 20책 국립중앙도서관 소장.
　　"或謂天下有三大幹, 必自北幹來."
　　李萬敷(1996), 影印標點 韓國文集叢刊 179, 『息山集』별집, 권4, p.98.
139) 『旅菴全書』第三册 卷之十 『山水考』卷二: "[通坡嶺], 在府北九十里,
　　香嶺大幹."
　　申景濬 著, 申宰休 編(1939), 『旅菴全書』第三册, 京城, 新朝鮮社, p.15.
140) 『旅菴全書』第三册 卷之十 『山水考』卷二: "[狼林山南去大幹]"
　　申景濬 著, 申宰休 編(1939), 위의 책, p.28.

이 외에도 남간, 동간 등의 방향과 대간을 합성한 용어도 사용하였다.

⑥ 『大東水經』 속의 大幹

다산 정약용 선생은 『대동수경』141)에서 대간을 여러 차례 사용하였다.

㉮ 長白山南走之大幹

함흥부의 북쪽 백십 리에 황초령이 있고 영의 북쪽에 또 백역산이 있다. 모두 장백산이 남쪽으로 뻗은 대간이다.142)

㉯ 狼林山南大幹

강선수는 속칭 비류수라고 부르는데, 상세한 것은 다음에서 볼 수 있다. 浯江山은 또 吳江山이라고도 한다. 산은 양덕현 150리 지점에 있다. 낭림산 남쪽의 대간이 뻗어 철옹산이 되었다.143)

---

141) 茶山 丁若鏞이 北界를 중심으로 韓國 山水를 고증한 地理書. 압록강(淥水)·두만강(滿水)·청천강(薩水)·대정강(淀水)·대동강(浿水)·예성강(瀦水)·임진강(帶水)과 그 지류들 및 강이 통과하는 河岸 지역에 관한 내용을 기록했다. 우리나라와 中國의 수십 종의 文獻 및 地圖를 바탕으로 중부 이북 지방 主要河川에 관련된 自然地理·歷史·軍事·政治·地域 등의 사실들과 당시까지의 기록, 견해를 종합한 책이다. [엠파스 백과사전]

142) 『與猶堂全書』 第六集地理集第五卷 大東水經其一 淥水二: "府北一百十里, 有黃草嶺, 嶺北又有白亦山. 皆長白山南走之大幹也."
丁若鏞(2002), 影印標點 韓國文集叢刊 286, 『與猶堂全書』 VI, p.349.

143) 『與猶堂全書』 第六集地理集第八卷 大東水經其四 浿水三: "降仙水俗稱沸流水, 詳見下. 浯江山亦云吳江山. 山在陽德縣北一百五十里. 狼林山南大幹, 走爲鐵瓮山."
丁若鏞(2002), 影印標點 韓國文集叢刊 286, 『與猶堂全書』 VI, pp.393

특히, 대동수경 녹수의 장백산조에서는 여러 차례 대간을 사용하고 있다.

㉲ 白山大幹

유형원이 『여지고』에서 말하기를 "이제, 함경도와 평안도 사이에 수백 리 이어진 산맥이, 즉 개마산이다."라고 하였다. 이것에 의거하면 개마산이 백산이 되는 것이 분명하며 또 백산대간으로 가히 통칭할 수 있다.

㉳ 大幹之東, 大幹之西

대간의 동쪽은 옛날의 말갈 7부이다. 지금은 영고탑이다. 대간의 서쪽은 옛날의 부여, 선비, 고구려의 땅이다.

㉴ 大幹之西, 大幹之東

이 대간의 서쪽에 있는 것을 갑산부라 하고 대간의 동쪽에 있는 것을 길주, 단천부, 이원이라 한다. 북청부는 대간의 서쪽으로 비스듬히 아래에 있다. 그러므로 대간의 서쪽은 녹수의 남쪽 발원지가 있어 곧게 북쪽으로 흐른다. 모든 골짜기의 물이 다 여기로 들어간다. 대간의 동쪽 물들은 모두 남쪽으로 흐르고 바다에 도달한다.[144]

- 394.

144) 『與猶堂全書』第六集地理集 第五卷 大東水經其一 淥水一 長白山: "磻溪柳馨遠輿地考曰, 今咸鏡平安兩道之間, 嶺脊連亘數百里者, 卽蓋馬山. 據此則蓋馬之爲白山明矣. 而白山大幹亦可通稱也. (中略) 大幹之東, 古之靺鞨七部也. 今寧古塔地. 大幹之西 古夫餘鮮卑句麗之地也." 丁若鏞(2002), 影印標點 韓國文集叢刊 286, 『與猶堂全書』Ⅵ, pp.327-328.
其在此大幹之西者曰甲山府, 在大幹之東者曰吉州, 曰端川府, 曰利原

⑦ 長白山大幹

그는 또 그의 대표적 저서의 하나인 『경세유표』[145]에서도 대간을 사용하고 있다.

현도성, 만하성은 지금의 함경도이다. 이 도의 중앙에 마천령이 있다. 영의 큰 등성마루가 직접 장백산대간에 부딪히고 있다.[146]

縣. 而北靑府, 當大幹西迤之下. 故大幹之西, 有淥水之南源, 直北流注. 而諸谷之水, 皆入于此. 大幹之東水, 皆南流, 自達于海.

丁若鏞(2002), 影印標點 韓國文集叢刊 286, 『與猶堂全書』Ⅵ, p.333.

145) 필사본. 44권 15책. 奎章閣圖書. 원래 題目은 『邦禮草本』이며, 1表 2書로 대표되는 經世論을 펼친 저술 가운데 첫 번째 작품으로 일종의 제도개혁안이다. 전남 강진에 유배 중인 1817년(순조 17)에 著述하였으며, 처음에는 48권으로 지었으나 필사하는 과정에서 44권 15책으로 편집되었다. 1911년 처음으로 이 책의 일부가 간행되었고 1914년 朝鮮光文會에서 李建芳이 쓴 서문을 붙여 증보판을 간행하였다. 1934~1938년 사이에 鄭寅普 · 安在鴻 등이 중심이 되어 朝鮮學運動의 일환으로 저자의 글을 모아 『與猶堂全書』를 간행할 때, 이 책을 15권 7책으로 재편집하여 간행하였다. 吏 · 戶 · 禮 · 兵 · 刑 · 工의 六典體制로 기술된 『周禮』와 『經國大典』의 체제를 본받아, 天官吏曹 · 地官戶曹 · 春官禮曹 · 夏官兵曹 · 秋官刑曹 · 冬官工曹 · 天官修制 · 地官修制 · 春官修制 · 夏官修制 등으로 서술하였는데, 각각에 政治 · 經濟 및 社會思想이 뒤섞여 있다. 六典體制의 刑과 工에 해당하는 추관수제와 동관수제는 완성되지 못하였다. 국가 통치 질서의 근본이념을 세워 오랜 朝鮮을 새롭게 하고자 저술하였다고 저자 자신이 쓴 墓誌銘에서 밝히고 있듯이, 『書經』과 『周禮』의 이념을 표본으로 하되 당시 朝鮮의 현실에 맞도록 조정하여 政治 · 社會 · 經濟 제도를 改革하고 富國强兵을 이루는 것에 目標를 두고 著述하였다. [네이버 백과사전]

146) 『與猶堂全書』 第五集政法集 第三卷 經世遺表卷三: "天官修制 郡縣 分縣 玄菟省滿河省者, 今之咸鏡道也. 此道中央有磨天嶺. 嶺之大脊直抵于長白山大幹."

丁若鏞(2002), 影印標點 韓國文集叢刊 285, 『與猶堂全書』Ⅵ, p.63.

⑧ 巫閭大幹

조선 철종 6년(1855) 연행사신의 종사관으로 수행했던 서경순은
『몽경당일사』 다섯 편을 지었다. 그 제일편을 보면 다음의 내용이
나온다.

북쪽으로 의무려산(醫巫閭山)을 보니 천여 리를 횡으로 뻗쳐
있다. 즉 『주례』에 나오는 유주의 진산으로 명나라 때는 하흠 선
생이 숨어 살던 곳이다. 하늘 찌를 듯 일어나 구름까지 치솟았다.
그 북쪽은 몽고와 선비(鮮卑)의 땅이니 하늘을 남북을 나누었다고
할 만하다. 내가 의무려산을 보고 감흥이 일어 운자를 달았다.

무려대간(巫閭大幹)이 백두에서 갈리니
와서 장성을 짓고 바다를 둘렀네.[147]

꼭 대간(大幹)으로써 달리는 산줄기를 상지라 하고 그 책을 조
선에 들어가게 하였다.[148]

위의 내용으로 볼 때 서경순은 대간이라는 용어를 두 번 사용하
였고 의무려산이 백두산에서 뻗어 간 것으로 보고 있다.

---

147) 『夢經堂日史』 第一編 馬訾軔征紀 乙卯年(1855, 哲宗 6) 11月 10日:
"北望醫巫閭山, 橫亘千餘里. 卽周禮幽州之鎭, 皇明時, 賀欽先生之所
隱處. 起伏天際, 馳騖雲端. 其北則蒙古鮮卑之地, 可謂天限南北. 余見
醫巫, 而有感於懷, 仍拈韵曰, 巫閭大幹, 白頭來, 來作長城, 抵海廻."
徐慶淳(1966), 古典國譯叢書 105, 國譯 『燕行錄選集』XI, 『夢經堂日
史』, p.122.
148) 『夢經堂日史』 第二編 五花沿筆 乙卯年(1855, 哲宗 6) 11月 27日:
"必以大幹 走脉爲上地 使其書流入東國."
徐慶淳(1966), 위의 책, p.139.

⑨ 旺水大幹

조선 후기의 성군인 정조대왕은 『홍재전서』[149]라는 특유의 문집을 남겼는데 여기에 대간의 용례가 나온다.

김이성이 말하기를, "오른쪽의 맥이 동쪽에서 시작하여 수향(水鄉)으로 들어와서 수백 리를 남쪽으로 달려오니 이것이 왕성한 물의 큰 줄기(旺水大幹)입니다. 치악산에 이르러 껍질을 벗고 얼굴을 바꾸어 평지로 협곡을 건넙니다.[150]

위의 내용을 미루어 보면 대간이라는 용어가 반드시 산에만 쓴 것이 아니라 물에 대해서도 사용되었음을 알 수 있다.

이상에서 중국과 한국의 고문헌 중 대간의 용례를 살펴보았다. 기존의 연구에서는 이익의 『성호사설』 이외에는 대간이라는 용어가 실제로 사용되었는지 밝혀지지 않았었다. 즉 백두대간이라는 용어를 사용하면서 용어에 대해 자세한 연구가 부족했던 것이 사실이다.

여러 가지 사용 예를 보면 주로 산에 관련된 것이 많지만 마지막에 예를 든 것처럼 대간이란 반드시 산만을 지칭하는 것은 아니었던 것 같다. 대간이 지칭하는 것은 그것이 산이든 물이든 어떤 하나의 연속된 체계를 대간으로 사용한 것으로 판단된다. 즉 중국에서처럼 산줄기와 물줄기를 서로 연관된 하나의 체계로 인식한 것 같다.

---

149) 朝鮮時代 正祖의 詩文集. 184권 100책. 活字本. 이 책은 御製詩文을 奎章閣에서 편찬한 것인데, 두 차례에 걸쳐 이루어졌다.

150) 『弘齋全書』 卷五十七 雜著四 遷園事實: "履成日, 右龍發足于東, 轉入水鄉. 南馳數百里, 則此是旺水大幹也. 到雉嶽山, 脫殼幻面, 平地渡峽." [朝鮮] 正祖(2000), 影印標點 韓國文集叢刊 263, 『弘齋全書』Ⅱ, 서울, 民族文化推進會, pp.392-393.

2. 정간의 용례

1) 중국문헌 속의 정간

『사고전서』와 다른 중국 고문헌을 검토하면 정간의 사용 예는 3가지 정도가 나오는데 천목정간, 천산정간, 흥안정간 등이다.

① 天目正幹

명나라 때 오지경이 찬한 『무림범지·권육』에 보면 여항현에 있는 화성사를 인용하면서 천목산줄기를 천목정간이라고 표현하고 있다.[151]

② 天山正幹

지금 중국의 톈샨[天山] 산맥을 청나라 때 문헌에서는 천산정간이라고 말한다.

천산정간에는 천산[152] 외 27개의 산이 속해 있다. 이것을 합쳐서 천산정간이라고 부른 것이다.

여러 산들은 다 총령(현재의 파미르 고원)으로 이름 하였다. 이 곳으로부터 동쪽으로 가면 천산정간이 된다. 산맥들이 모두 그쪽

---

151) 『四庫全書』 史部 地理類 古跡之屬 武林梵志 卷六: "天目正幹, 五峰攢廻中間佛界, 我東南勝道場."
    『文淵閣四庫全書』 電子版(1999), 上海人民出版社.
152) 『四庫全書』 史部 地理類 都會郡縣之屬 欽定皇輿西域城圖志 卷二十一 山二: "天山一名祁連, 一名雪山, 一名白山.(天山은 일명 기연이고 일명 설산이며 일명 白山이라고 한다.)"
    『文淵閣四庫全書』 電子版(1999), 上海人民出版社.

으로 들어가는 곳이다. 모든 산의 물은 땅을 따라 발하며, 모든
지류가 흩어져 뻗어 가서 다 대하로 돌아간다.[153]

③ 興安正幹

지금 중국의 대흥안령산맥을 청나라 때는 흥안정간이라고 했다.
『흠정하원기』의 주에 보면 다음과 같은 기록이 나온다.

난하는 그 근원이 독석구 밖 백여 리 파안둔도고이산에서 나온
다. 산은 흥안정간이 된다. 장가구로부터 동쪽으로 독석구 밖에
이르러 큰 산이 된다.[154]

2) 한국문헌 속의 정간

한국문헌 속의 정간의 예는 대간만큼은 많지 않다.

① 白頭山正幹

정약용은 그의 저서 『강계고』의 일부인 「옥저고」에서 정간이라
는 용어를 사용하였다.

정약용이 생각하기를 개마대산은 지금의 백두산이다. 현도고를

---

153) 『四庫全書』 史部 地理類 河渠之屬 欽定河源紀略 卷一 蔥嶺河源圖
　　 說: "諸山皆得以蔥嶺名之. 自此東行爲天山正幹. 山脈所入其諸山之水
　　 隨地, 而發群支散衍總歸大河."
　　 『文淵閣四庫全書』 電子版(1999), 上海人民出版社.
154) 『四庫全書』 史部 地理類 都會郡縣之屬 欽定熱河志 卷六十九: "灤河
　　 源出獨石口外東北一百餘里巴顏屯圖古爾山. 「注」, 山爲興安正幹. 自
　　 張家口而東至獨石口外爲大山."
　　 『文淵閣四庫全書』 電子版(1999), 上海人民出版社.

상세히 보면 대산의 동쪽에 있는 것을 일러 백두산정간의 동쪽이
라고 한다.155)

정약용은 『대동수경』과 『경세유표』에서 백산대간과 장백산대간
을 사용하였는데, 거의 같은 의미로 정간을 사용한 것을 보면 대
간과 정간에 특별한 차이를 두고 있는 것 같지는 않다.

② 正幹精神
정조가 선왕인 영조의 능을 정하고 신하들과 한 대화에서 사용
되었다.

정조대왕이 대행대왕의 산릉(山陵)을 정하고 능 이름을 원릉으로
하였다. (중략) 김기량이 말하기를, "옛 영릉 자리의 체세(體勢)는
건원릉과 차이가 없습니다. 또한 국세(局勢)가 비록 건원릉이 주가
되기는 하지만 정간(正幹)의 정신은 모두 여기에 있습니다."156)

③ 正幹抽脈
『홍재전서』에도 정간의 내용을 찾아볼 수 있다.

증악산은 들 가운데에 우뚝 솟아 물결 같은 모습이 되어 마치

---

155) 『與猶堂全書』第六集地理集第二卷 疆域考 疆域考其二 沃沮考: "鋪
案蓋馬大山者, 今之白頭山也. 詳見玄菟考. 在大山之東者, 謂在白頭山
正幹之東也."
丁若鏞(2002), 影印標點 韓國文集叢刊 286, 『與猶堂全書』Ⅵ, p.256.
156) 『正祖實錄』 卽位年 丙申(1776, 乾隆 41) 4月 11일(壬子): "定大行大
王山陵, 議上陵號曰元陵. (中略) 基良曰, "舊寧陵體勢, 與健元陵無異.
且局勢雖主健元陵, 而正幹精神, 盡在於此矣."
國史編纂委員會(1986), 『朝鮮王朝實錄』44권 『正祖實錄』, 서울, 탐
구당, p.570.

소용돌이치면서 흐르는 물결 같기도 하고, 정간(正幹)이 맥을 잡아당겨 혹 솟기도 하고 혹 엎드리기도 하여 고금산이 되고 홍범산이 되었다.157)

④ 兩嶺正幹

홍양호의 『이계집』158)에 보면 정간의 용례가 나온다.

　　이 산으로부터 나뉘어 열린다. 왼쪽으로 떨어져 길주, 참두가 되고 오른쪽으로 떨어져서 갑산, 감평이 된다. 양 봉우리의 정간(正幹)이 남으로 뻗어 단천의 황토령이 된다.159)

⑤ 大嶺正幹

『봉암집』160)은 숙종대에 주로 활동한 채지홍161) 선생의 문집인

157) 『弘齋全書』 卷五十七 雜著四 遷園事實: "甑嶽特起野中, 水星作體如濤湧浪奔. 正幹抽脈或起或伏 爲鼓琴山爲洪範山."
民族文化推進會(2000), 影印標點 韓國文集叢刊 263, 『弘齋全書』Ⅱ, 서울, 民族文化推進會, p.380.
158) 『耳溪集』 活字本 1843年刊. 原集 38권, 外集 12권 합 22책 延世大學校 中央圖書館 所藏.
159) 『耳溪外集』 卷十二 北塞記署 白頭山考: "而自是山分開. 左落爲吉州斬頭. 右落爲甲山甘坪. 兩嶺正幹南走爲端川黃土嶺."
洪良浩(2000), 影印標點 韓國文集叢刊 242, 『耳溪集』, 서울, 民族文化推進會, p.368.
160) 活字本 1783年刊 原集 15권, 年譜 2권, 附錄 합 8책 서울대학교 奎章閣 所藏.
161) 蔡之洪(1683~1741). 朝鮮 後期의 학자. 본관은 仁川. 자는 君範, 호는 鳳巖·三患齋·鳳溪·舍藏窩. 아버지는 첨지중추부사 領用이며, 어머니는 柳氏로 承胄의 딸이다. 16세 때 權尙夏의 문하에 들어가 수학하였다. 그는 經學·禮學을 비롯하여, 歷史·天文·地理·象數 등에도 박통하였다. 저서로는 『鳳巖集』 8책을 비롯하여, 『性理管窺』, 『洗心要訣』, 『讀書塡補』, 『天文集』 등이 있다. [엠파스 백

데 여기에 정간의 용례가 실려 있다.

　　모두 대령의 정간(正幹)이다. 북쪽에서 와서 국을 열었다. 한
가지의 맥이 가운데서 나오니 하나의 작은 산을 이루었다.[162]

⑥ 南去正幹
『산수고』의 속리산 부분에 보면 정간의 용례가 나온다.

　　봉황봉의 한 사면은 서쪽으로 백화천방산에 이른다. 삼봉산으
로부터 여기에 이르는 것을 다 덕유의 봉우리라고 일컫는다. 그리
고 덕유산의 끝은 왼쪽은 남으로 정간(正幹)으로 간다. 그러므로
여기에 들어가지 않는다.[163]

3. 정맥의 용례

1) 중국문헌 속의 정맥

정맥이라는 용어의 예는 적어도 송대 이후, 중국에서 쓰여 왔다.

　　　　과사전]
162)『鳳巖集』卷之十三 記 東征記: "盖大嶺正幹. 北來開局. 一脉中出, 作
　　一小岡."
　　蔡之洪(1998), 影印標點 韓國文集叢刊 205,『鳳巖集』, 서울, 民族文
　　化推進會, p.436.
163)『山水考』卷一 俗離山: "鳳凰峰一麓, 西至白華天方山. 自三峰至此,
　　皆稱德裕之峰, 而德裕山稍, 故不入."
　　申景濬 著 · 申宰休 編(1939),『旅菴全書』第三册, 京城, 新朝鮮社,
　　p.169.

그러나 정맥은 산과 관련된 내용은 매우 적고 '孔孟의 正脈'류가 대부분이다.

① 全體正脈

정맥의 출전은 『朱子文集』 중 九江彭蠡辯에 다음과 같은 용례가 나온다.

> 이른바 부천원은 산이 매우 작으면서 낮아 겉으로 보기에는 대단하지 않지만, 그 전체의 정맥(正脈)이 드디어 일어나서 노부를 이루면서 바로 아주 높아지고, 또 크게 끝났다.164)

② 山川正脈

주자의 제자인 진순은 성리학의 핵심 개념을 정리한 그의 대표적 저서인 『북계자의』에서 정맥의 예로 다음의 내용을 들고 있다.

> 또한 본묘의 정전이 심히 신령하지 못한 점이 있어도, 부속건물이 신령한 것이 있으면 이것은 부속건물이 산천의 정맥(正脈)처에 위치한 까닭인 것이다.165)

『고금도서집성』 방여휘편 직방전에는 각 주의 산천을 설명하고 있는데, 여기에서 정맥에 대한 용례를 다소 발견할 수 있다.

---

164) 『四庫全書』 子部 儒家類 御纂朱子全書 卷五十 九江彭蠡辯: "所謂敷淺原者, 爲山甚小而卑, 不足以有所表見, 而其全體正脈遂起, 而爲廬阜則甚高, 且大以盡乎."
『文淵閣四庫全書』 電子版(1999), 上海人民出版社.
165) 『四庫全書』 子部 儒家類 北溪字義 欽定熱河志 卷下: "又有本廟正殿不甚靈, 而偏旁舍有靈者. 是偏旁坐得山川正脈處故也."
『文淵閣四庫全書』 電子版(1999), 上海人民出版社.

③ 江東正脈

휘주부에 보면 다음의 내용을 찾아볼 수 있다.

　탑령은 현의 동쪽 백십오 리에 있는데, 높이가 팔십 인이요 주위가 9리이다. 또한 덕승령이라고도 부른다. 휴무가 물을 나누는 경계가 되어 땅을 풍요롭게 해 준다. 절수위에 강동정맥이 있으니 방오령이 그것의 하나이다.[166]

④ 白虹山正脈

천주부에 보면 다음의 내용을 찾아볼 수 있다.

　쌍양산은 백홍산정맥이 되고 군성에서 그것을 바라보면 약간 크고 작음이 있는데 태양과 소양이라고 한다. 남안에서 보면 두 산이 서로 병립해서 서 있는데 일명 붕산이라고도 한다.[167]

⑤ 白華山正脈

또, 건녕부에 보면 다음의 내용을 찾아볼 수 있다.

　또한 천호서산이 있는데, 백화산정맥이다. 예전에 채문정을 위

---

166) 『古今圖書集成』 方輿彙編 職方典 徽州府部 彙考二 徽州府山川考二 塔嶺: "塔嶺在縣東百十五里, 高八十仞周九里, 又名德勝嶺. 爲休婺界水分饒. 浙上有江東正脈, 坊五嶺, 此其一也."
　　陳夢雷 集成原編, 楊家駱 類編主編(1977), 『古今圖書集成』, 臺北, 鼎文書局.

167) 『古今圖書集成』 方輿彙編 職方典 泉州府部 彙考一 泉州府山川考一: "雙陽山, 爲白虹山正脈, 郡城望之, 微有大小, 曰大陽小陽. 南安望之, 則二山並峙, 一名朋山."
　　陳夢雷 集成原編, 楊家駱 類編主編(1977), 『古今圖書集成』, 臺北, 鼎文書局.

한 사당이 있었는데 지금은 학궁이 있다.[168)]

2) 한국문헌 속의 정맥

① 山之正脈

먼저 『신증동국여지승람』에 보면 정맥의 사용 예가 나온다.

> 정양사는 표훈사의 북쪽에 있으니, 즉 이 산의 정맥(正脈)이다.
> 그런 까닭에 정양사라고 이름 지은 것이다. 지대가 높고 멀어서
> 산 안팎의 모든 봉우리들이 하나하나 보인다.[169)]

② 大母山正脈

『세종실록』에 보면 하연, 김종서 등이 헌릉[170)]의 서쪽 수릉[171)]
을 살펴보고 올린 상서문에 다음과 같은 내용이 나온다.

> 대모산 정맥(正脈)이 임방(북쪽)으로 떨어져 두 가지로 나뉘어
> 서, 건해방(북서쪽)으로 머물러 헌릉의 주혈이 되었다.[172)]

---

168) 『古今圖書集成』 方與彙編 職方典 建寧府部 彙考三 建寧府 山川考
三: "亦有天湖西山, 白華山正脈也. 舊爲蔡文定祠堂, 今學宮在焉."
陳夢雷 集成原編, 楊家駱 類編主編(1977), 『古今圖書集成』, 臺北, 鼎
文書局.

169) 『新增東國輿地勝覽』 卷四十七 江原道 淮陽都護府 佛宇: "正陽寺, 在
表訓寺北, 卽山之正脈, 故名. 地界高逈, 山之內外諸峰, 一一盡覩."
盧思愼 等編(1985), 『新增東國輿地勝覽』, 서울, 明文堂, p.843.

170) 朝鮮時代 제3대 임금인 太宗과 왕비 元敬王后閔氏의 능. 史蹟 제
194호. 서울특별시 서초구 내곡동에 있다. 1420년(世宗 2) 元敬王
后가 죽자 지금의 내곡동인 廣州 西大母山을 陵地로 선정했으며,
1422년 太宗이 죽자 王后 옆에 奉陵했다.

171) 죽기 전에 미리 만들어 두는 임금의 무덤.

③ 白頭山正脈

『인조실록』에 보면 목조[173]의 황고비 능묘에 관해 꿈을 기록한 박지영의 몽서에 대한 경상 감사 구봉서의 치계가 있다. 그 내용 중에 백두산정맥이라는 표현이 나온다.

> 백두산정맥(正脈)이 태백산에 결집하여 동해를 안(案)으로 삼았 다.[174]

『정조실록』에도 백두산정맥이 사용되었다.

> 백두산정맥(白頭山正脈)이 남쪽으로 뻗어 내려 황초령에 이르러 서 지령 하나가 방향을 돌려 서쪽으로 가다가, 다시 북쪽으로 가 서 설한령에 이르러서 압록강을 향하여 하나의 국지(局地)를 열었 으며, 장진·갑산·삼수·후주 및 지금은 폐지된 네 군이 그 안 에 있습니다.[175]

---

172) 『世宗實錄』 108卷 27年 4月 4日(丁未) 相壽陵于獻陵之西: "<u>大母山 正脈</u>, 壬落而分兩支, 駐於乾亥, 而爲獻陵主穴."
   國史編纂委員會(1986), 『朝鮮王朝實錄』 4권, 『世宗實錄』, 서울, 탐 구당, p.615.

173) 朝鮮 太祖 李成桂의 고조부(?~1274, 원종 15). 본관은 全州. 이름 은 安社. 장군 陽茂의 아들이며, 어머니는 李氏로 상장군 康齊의 딸 이다. 1394년 太祖가 4대조를 추존할 때, 德을 베풀고 義로써 행하 였다 하여 穆祖로 추존하였다.

174) 『仁祖實錄』 41卷 18年 7月 15日(甲午): "白頭山正脈, 結於太白, 以 東海爲案."
   國史編纂委員會(1986), 『朝鮮王朝實錄』 35권, 『仁祖實錄』, 서울, 탐 구당, p.95.

175) 『正祖實錄』 正祖 44卷 20年 5月 8日(壬子): "李健秀, 以厚州形便, 書 陳于備邊司曰, 白頭山正脈南馳, 至于黃草嶺, 一枝轉而西, 又北至于薛 罕嶺, 而向鴨綠江, 開一局, 長津, 甲山, 三水, 厚州及廢四郡, 在其內."
   國史編纂委員會(1986), 『朝鮮王朝實錄』 46권, 『正祖實錄』, 서울, 탐

백두산을 대간이나 정간으로 쓰지 않고 정맥으로도 썼다. 이것으로 미루어 조선중기 이전에는 정맥이 대간이나, 정간의 대신으로도 쓰이는 용어였던 것 같다.

④ 山河關正脈

『부연일기』[176] 중의 왕환일기는 순조 때 사은사로 중국에 다녀온 작자 미상의 글인데, 여기에 정맥이 등장한다.

> 북쪽을 보니 산이 주위를 두르고 멀리 서쪽으로 달려갔다. 이것이 산해관의 정맥(正脈)이 된다고 한다. 이어 20리를 가서 소흑산에서 잤다.[177]

이상에서 대간, 정간, 정맥의 중국과 한국의 사용 예를 살펴보았다. 그 방법은 오로지 『사고전서』 등 중국과 한국의 고문헌을 통해 이 단어들이 사용된 문장을 찾아내고 그중에서도 산과 연결된

구당, p.649.

176) 1828년(純祖 28) 進賀兼謝恩使의 正使 李球의 醫官兼裨將으로 淸나라에 다녀온 金老商이 기록한 책. 필사본, 1권 1책이다. 책머리에 路程記가 있고, 다음에 往還日記가 있다. 매일 겪은 일, 도중에 관광한 명소 승지와 본국에서 보지 못한 여러 가지 일들 및 天候·地理·人物·風俗·紡績·工匠·市廛·錢財·技術·城邑·宮室·祠廟·寺刹·衣冠·飮食·器皿·禽畜·樹木·土産 등이 적혀 있다. 또, 回刺國書·政事 및 기타 일행에게 等差別로 매일 제공된 식품 등도 기록되어 있다. 1961년 성균관대학교 大東文化研究院에서 『燕行錄선집』 下卷에 수록하여 影印本으로 간행하였다. [네이버 백과사전]

177) 赴燕日記 往還日記 五月 二十二日 庚申: "北望, 有山周, 遭遙遙西馳. 此爲山河關正脈云. 仍行二十里, 宿于小黑山." 著者未詳(1966), 古典國譯叢書 103, 國譯 『燕行錄選集』 IX, 서울, 民族文化推進會, p.99.

것만을 취합하였다. 그 결과를 보면 『산경표』에 位階的으로 나오는 이들 세 가지 개념이 다른 문헌에서는 위계적인 질서를 가지고 사용된 것은 아닌 것 같다. 대간과 정간은 비슷한 의미로 혼용된 경우가 많고 정맥은 산맥, 지맥 등과 혼용되어 쓰였다.

중국과 한국에서 산을 구별할 때 큰 줄기와 나누어지는 가지로서 幹과 枝(支)를 써 온 것은 오래된 전통이다.[178) 大幹은 幹 중에서도 큰 것을 말하고 正幹은 바르게 내려온 幹을 말한다. 한글로 말하면 큰 (산)줄기와 바른 (산)줄기 정도로 정리할 수 있을 것이다. 脈은 동양의학에서도 많이 쓰였고, 인간과 자연인 천지를 분리하여 생각하지 않은 동양의 정신으로 인해 산이 끊어지지 않은 줄기를 脈이라 했다. 따라서 山脈, 支脈, 正脈 등도 오랜 연원과 사용 예들을 갖고 있다. 오늘날의 한국어사전에서는 山脈을 산줄기로 순화할 것을 권유하고 있다. 脈이 大幹보다 작은 줄기라고 보면 支脈은 가지 친 작은 줄기이고 正脈은 바른 작은 줄기란 뜻이 된다.[179) 正幹과 正脈은 고문헌에서 같이 혼용한 예가 거의 없는 것으로 보아 『산경표』의 정신에 따라 엄격히 구분하여야 할 것이다. 일부에서는 정간과 정맥을 통합하여 대간과 정맥 체계로써 단순화하려는 시도도 있으나 전통적인 산수체계인 백두대간은 충분한 논의와 토론을 거친 후 수정해야 할 것이다.

『산경표』는 일반적으로 족보 형식을 빌려 우리나라 모든 산의 체계를, 대간·정간·정맥으로 서열을 정하여 백두대간체계로 완성했다고 한다.

---

178) 적어도 이천 년 이상의 歷史를 가지고 있다. 十干十二支도 같은 脈絡에서 사용된 것으로 보인다.
179) 正脈의 경우는 文獻 속에서 산과 관련된 개념보다는 '바르게 이어지는 가르침'의 뜻으로 광범위하게 쓰였다.

그런데 대간과 정간을 위계적인 용어로 사용한 것은 禮訟論爭180)이 심했던 선조 때부터 현종조까지 살았던 權諰이다. 그의 禮學에 깊은 영향을 주었던 것은 家承관계에 있는 權得己 예학과 師承관계에 있는 朴知誡181)의 예학사상이다.

17세기 예송에서 王位正統性 문제를 중심으로 하여 논란이 일게 된 것은 그럴 만한 이유가 있었다. 왕위 계승에서 적장자의 왕위 등극이 제대로 이루어지지 않았기 때문이다. 인조와 효종의 경우가 그 대표적인 예로서, 자연히 정통성의 문제가 제기될 수밖에 없었다. 인조의 생부인 定遠君에 대해서 제일 먼저 추숭문제를 제기한 사람이 박지계(1573～1635)였다. 박지계는 인조 초 가장 명

---

180) 顯宗이 즉위하자마자 朝鮮에서는 禮訟論爭이 벌어졌다. 그 이유는 孝宗의 상을 당하자 仁祖의 繼妃인 慈懿大妃趙氏의 복제문제가 정쟁으로 번진 것이다. 당시 일반사회에서는 朱子의 『家禮』에 의한 四禮의 준칙을 따랐다. 그러나 왕가에서는 성종 때 제정된 『五禮儀』를 따르고 있었다. 그런데 『五禮儀』에는 孝宗과 자의대비의 관계와 같은 사례가 없었다. 孝宗이 仁祖의 맏아들로서 王位에 있었다면 문제가 없었겠지만, 仁祖의 둘째 아들로서 책립되었고 仁祖의 맏아들인 昭顯世子의 상에 慈懿大妃가 맏아들의 예로 三年喪의 喪服을 이미 입[服]은 일이 있었기 때문에 다시 孝宗의 喪을 당해 어떤 喪服을 입어야 하는지 문제가 되었던 것이다.

181) 朴知誡(1573～1635)는 조선 중기의 학자이다. 이괄의 난 때 인조를 공주로 호종하고 동부승지 등을 지냈다. 본관 함양, 자는 仁之, 호는 潛冶, 시호 文穆이다. 인격과 학문을 겸비하여, 1606년(宣祖 39) 王子師傅로 천거되나 나아가지 않았다. 1609년(光海君 1) 左洗馬 겸 書筵官, 이어 童蒙敎官에 임명되나 역시 就任하지 않았다. 1623년 仁祖反正 직후 司圃·持平을 거쳐, 李适의 난 때는 仁祖를 公州로 護從하였다. 1632년 司業·掌令·執義를 역임하고, 이듬해 同副承旨가 되었다. 朱子學을 깊이 연구하였고, 李珥·成渾 등을 宗廟에 從祀할 것을 주장하였다. 이조판서에 추증되고 牙山의 仁山書院에 배향되었다. 저서 『近思錄疑義』, 『周易乾坤卦說』, 문집 『潛冶集』이 있다. [네이버 백과사전]

망이 있었던 세 명의 산림(金長生, 張顯光, 朴知誡) 중의 한 사람으로서, 이귀의 추천을 받을 만큼 명망 있는 인물이었다.[182]

이런 박지계의 영향을 받은 권시의 『炭翁集』 卷九 雜著 天子立庶子爲太子薨服議라는 글을 보면 적자가 왕위를 잇지 못하고 죽으면 3년 동안 상복을 입는 것이 예에 어긋난다는 것을 주장하고 있다.

그 근거로 권시는 『通典』에 있는 중국의 상례에 관한 많은 전거를 들면서 제왕의 正統을 나무에 비유하여 적장자가 천자가 되는 것을 正幹이라고 하고, 長子가 아닌 다른 아들이나 庶子가 대통을 이은 것을 大幹이라고 하였다.

대개 제왕의 정통을 나무에 비유하면 조종은 근본이요, 적장자는 정간이요, 그 나머지는 방지이다. 장자가 대통을 전하지 않으면 다른 아들이나 서자가 대통을 잇는다. 그런, 즉 정간이 된다. 이미 즉위하여 임금이 되면 그것을 정체가 되지 않는다고 할 수 없다. 나의 견해는 이와 같다. 감히 양송의 논의(송시열과 송준길)를 믿을 수가 없다. 정간이 혹 끊어지거나 혹 약해지면 방지가 대간(大幹)이 된다. 나무도 역시 그러한 경우가 있으니 소위 이르기를 가지가 줄기가 된다고 한다. 서자가 종통을 옮기는 뜻도 그러한 것이다.[183]

---

182) 金永炫(1993), 『炭翁 權諰의 研究 - 禮學과 經世觀을 中心으로』, 忠南大學校 博士學位論文, p.146.

183) 『炭翁先生集』 卷之九 雜著 「天子立庶子爲太子薨服議」: "愚見暗合王堪, 適子不傳重而死 不爲三年 自童幼聞之而不敢信 近始信得及 蓋不成之爲正體也. 愚昧暗劣, 格致之難, 若是之難, 抑未知此後又如何也. 蓋帝王正統, 譬諸木, 根本祖宗也. 正嫡長子, 正幹也. 其餘, 旁枝也. 長子不傳重. 而支庶入承大統, 則爲正幹, 旣立爲君, 不得不成之爲正體 愚見如是. 不敢信兩宋之議, 正幹或絶或弱, 而旁枝爲大幹, 木亦有然者, 所謂旁枝達幹, 庶子移宗之義然也. 王接, 庾蔚之議及今淸論之所由

그는 위와 같은 旁支達幹之說을 조선의 왕위계승에 적용하여, 다음과 같은 국가계통도를 만들었다.

공정(정종)은 정간인데 자손이 미미하여 태종에게로 정통이 이어졌다. 양녕은 직간인데 미미하므로 세종으로 정통이 옮겨졌다. 문종은 공정의 [경우와] 같고 덕종은 양녕의 경우와 같다. 성종이 입승대통하고 연산은 정간인데 폐절되었다. 인종은 정간인데 후사가 없었다. 선종(선조)은 성종의 경우와 같다. 광해군은 방지로서 대간이 되었으나 폐절하였다. 영창은 직간이나 요절하였다. 금상[仁祖]은 방지로서 대간이 되었다.184)

위의 글에서 정간은 일반적으로 바른 줄기를 뜻한다고 이해된다. 그러나 『爾雅·釋詁』185)에 보면 "正, 長也."라고 풀이하고 있다. 이는 正 자가 바르다는 뜻뿐만 아니라 우두머리라는 의미도 가지고 있음을 알 수 있다.

필자는 위에서 대간과 정간이 위계적 개념으로 사용된 예를 연구하였다. 그 결과 이익이 『성호사설』에서 白頭正幹이라는 제목을 붙이고 본문 중에는 白頭大幹이라는 용어를 혼용한 이유를 짐작할 수 있게 되었다. 원래의 명칭은 백두대간이 아니라 백두정간이 올

發也. 然而愚恐今日定非移宗達斡之義, 故必欲與諸君子朋友, 愼思而明卞之也."

權諰(1993), 影印標點 韓國文集叢刊 104, 『炭翁集』卷九 雜著 天子立庶子爲太子薨服議, 서울, 民族文化推進會, p.426.

184) 『炭翁先生集』卷之九 雜著 「國家繼統圖」: "恭靖正幹, 而子孫微. 太宗移宗. 讓寧直幹而微. 故世宗移宗. 文宗同恭靖. 德宗同讓寧. 成宗入承大統. 燕山正幹廢絕. 仁宗正幹無後 宣宗同成宗也. 光海達幹廢絕. 永昌直幹早夭. 今上達幹."

權諰(1993), 위의 책, p.415.

185) 『爾雅』郭注에서는 이른바 官長이라고 했다.

바른 표현이지만 이미 이익의 시대에 정간과 대간이 혼용되었다는 사실이다. 또, 『산경표』에서 우리나라 산줄기를 1대간, 2정간, 12정맥으로 체계화한 것은 중국에서 한나라 때부터 三大幹說이 이미 정형화되었기 때문에 대간을 먼저 쓰고 정간을 그다음 위계로 쓴 것이 아닌가 짐작된다.

　그러나 위에서 살펴본 바와 같이 본래 정간이 대간보다 더 상위의 개념이며 백두대간이 아니라, 白頭正幹이 올바른 표현이라고 판단된다.

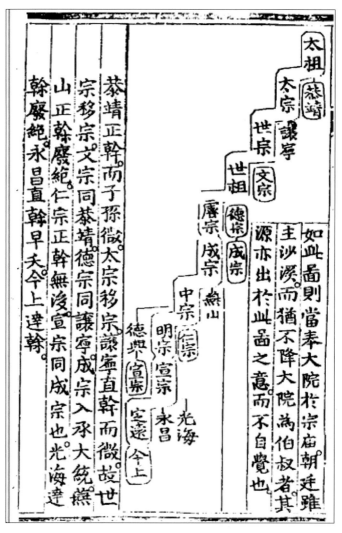

引用文獻影印 6 『炭翁先生集』, 「國家繼統圖」[186]

---

186) 『炭翁先生集』 卷之九 雜著 「國家繼統圖」

右圖潛冶先生之意蓋如此. 卽所謂旁支達斡之說也. 兄弟不相爲後者也.
위 그림은 潛冶先生[朴知誡]의 의견과 거의 같다. 즉 이른바 旁支達
斡之說이다. 형제는 서로 후사가 되지 않는다는 것이다.
權諰(1993), 위의 책, p.415.

110

Ⅳ. 역사적인 맥락에서 본 백두대간

1. 『성호사설』과 백두대간

18세기 중엽 성호 이익(1681~1763)은『성호사설』「천지문」백두정간조에 다음과 같은 글을 남겼다.

> 백두산은 우리나라 산맥의 조종이다. 철령으로부터 그 서쪽의 모든 가지들은 서남쪽으로 뻗어 갔다. 철령으로부터 태백산, 소백산에 이르기까지 하늘에 닿도록 우뚝 치솟았으니 이것이 곧 정간(正幹)이다. (중략) 그 왼쪽 줄기는 동해를 끼고서 뭉쳐 있는데, 하나의 큰 바다와 백두대간(白頭正幹)은 시종을 같이하였다. (중략) 대개 한 줄기 곧은 대간(大幹)이 백두산에서 시작하여 태백산에서 중봉을 이루고 지리산에서 끝나니, 애초에 이런 뜻으로 이름 지은 것 같다.[187]

---

187)『星湖僿說』卷之一「天地門」白頭正幹: "白頭是東方山脈之祖也. 自鐵嶺以西衆枝, 皆西南走. 自鐵嶺至大小白, 而峻極于天, 是爲正幹, (中略) 左旁東海, 乃凝定一大湖, 與白頭大幹, 同其始終. (中略) 蓋其一直大幹, 始於白頭, 中於太白, 終於頭流, 當初命名, 亦恐有意."
李瀷(1989),『星湖僿說』v.1, 고전국역총서 107, 서울, (주)민문고『星湖僿說』v.1, p.15.
이하『星湖僿說』의 원문은 民族文化推進會에서 펴낸 李瀷(1989),『星湖僿說』v.1, 고전국역총서 107, 서울, (주)민문고에서 인용하였다.

백두대간이 제목으로는 나오지 않지만 본문 중에 언급되고 있고 '백두정간'이라는 이름을 제목으로 한 글이다. 본문 중에는 "백두대간의 그 왼쪽 줄기는 동해를 끼고서 뭉쳐 있는데, 하나의 큰 바다와 백두대간은 시종을 같이하였다."고 서술하여 백두대간이라는 표현을 정확하게 사용하였다.

위의 내용을 보면 성호 이익은 대간과 정간이라는 명칭을 혼용하고 있는데, 그 이유는 이미 앞에서 설명한 바와 같다.

성호 이익은 『성호사설』 권지이 천지문 서도관액이라는 제목의 글에서도 백두대간이라는 용어를 사용하고 있다.

> 대저 백두대간(白頭大幹)은 바다를 연해 남쪽으로 달린다. 그 사이에 철령은 북관으로 가는 막힌 것 같은 통로가 되고, 조령은 동남의 막힌 것 같은 통로가 되었다. 철령 이북으로부터는 산세가 모두 서쪽으로 뻗어 그 맥락을 찾으려면 반드시 물에 의거해야만 그 줄기(幹)를 알 수 있다.[188]

'백두'의 개념은 신라 중기 이후부터 통용되어 오던 것이었고 대간 또한 오래전부터 중국에서 사용되어 오던 것이었다. 그 후, 세종대에 백두산 지역을 회복하면서 백두산에 대한 개념이 강화되고 자연스럽게 백두대간에 대한 개념이 생겨난 것으로 볼 수 있다. 따라서 백두대간이라는 용어는 성호 이익 이전부터 사용되어 『성호사설』에서 하나의 분명한 용어로 정착된 것으로 볼 수 있겠다.

『성호사설』 권지일 「천지문」 선비산맥조에는 백두산이라는 용어

---

188) 『星湖僿說』 卷之二 「天地門」 西道關阨: "蓋白頭大幹沿海南走. 其間鐵嶺爲北關之阨, 鳥嶺爲東南之阨. 自鐵嶺以北, 山勢皆西走, 欲尋其脈, 絡湏據水, 而知其幹也."
李瀷(1989), 『星湖僿說』v.1, p.61.

의 기원과 조선이라는 말의 기원에 대한 자세한 설명이 실려 있다.

백두산의 줄기는 유주·영주·병주의 3개 주의 밖에서 왔고,
선비산은 또 그 밖에 있다. 오호시대(五胡時代)에 선비족이 제일
강했는데, 산 이름을 가지고 그 부족의 명칭을 붙인 것이다. 아마
이것이 백두라는 산의 시초가 된 듯하다. 백두산 내외에 있는 모
든 종족을 숙신(肅愼)이라 칭하며 그 서남의 줄기가 조선(朝鮮)이
되는데, 그것이 강역의 시작이다. 전체 요동지역이 합쳐지고, 모든
요동의 땅은 모두가 선비산(鮮卑山)의 지간(枝幹)이다. 조(朝)라고
말한 것은 "아침에 동쪽에서 해가 떠오른다."는 뜻의 아침이다. 조
란 곧 동쪽이란 말이다. 천하의 가장 동쪽의 끝이 곧 조선이다.[189]

또, 『성호사설』에서 이익은 백두산의 연원에 대해서도 언급하고
있다.

곤륜산이 북으로 삭방[중국의 북쪽 지역] 밖으로 매우 힘차게
뻗어 나갔는데 북쪽 지역에서의 상태는 그 끝 부분을 따질 수가
없다. 그 남으로 내려온 가지가 동남으로 뻗어 와서 백두산이 되
었다. 백두산에서 북으로 흐르는 물이 혼동강인데 북에서 흑룡강
과 합류되어 다시 동쪽으로 바다에 들어간다.[190]

189) 『星湖僿說』卷之一「天地門」鮮卑山脈: "白頭之幹, 自幽營三州之外
來, 鮮卑山在其外, 五胡之際, 鮮卑部最强, 以山名稱之也. 意者爲白頭
之祖乎. 白頭內外, 皆稱肅愼, 其西南之幹爲朝鮮, 其爲疆域始也. 合全
遼, 而有之凡遼地, 莫非鮮卑山之枝幹, 謂之朝者, 如朝日於東之朝, 朝
之爲言東也. 天下之最東, 莫如朝鮮也."
李瀷(1989), 『星湖僿說』v.1, p.13.
190) 『星湖僿說』卷之一「天地門」天下水勢: "崑崙, 北走朔外, 積陰之勢,
莫得以詰, 其端倪. 其南枝, 迤走東南, 爲白頭. 白頭之北流, 爲混同江,
北與黑龍江會, 復東入於海."
李瀷(1989), 『星湖僿說』v.1, p.11.

위의 내용으로 미루어 중국의 삼조사열설 등에 대한 지식은 많지 않았던 것으로 보이며 백두산의 연원을 곤륜산에 두고 있지만 그 지나온 대간의 방향에 대해서는 따질 수가 없다고 본 것이다. 여기서 특이할 만한 점은 다른 서술 부분에서도 발견되지만, 산계를 설명하면서 동시에 수계에 대해서도 설명하고 있다는 것이다. 『성호사설』「천지문」을 살펴보면 수계에 대한 언급이 있다.

경도(京都) 이서에는 송도 뒤의 서강이 있고, 또 그 서쪽에 저탄이 있으며, 또한 그 서쪽에 대동강이 있고, 또한 그 서쪽에 청천강이 있으며, 또한 그 서쪽에 압록강이 있는데 이것은 대강 드러낸 것이다.

두 물의 사이에는 반드시 한 줄기의 산이 있다. 소위, 청석령이라는 한 줄기는 서강과 저탄 사이에 있어 경기도와 황해도의 경계가 된다. 정방성의 한 줄기는 저탄과 대동강 사이에 있어 황해도와 평안도의 경계가 되고 있다. 이 두 줄기는 실로 험하고 위태로워 방비할 만한 지점이다. 대동강과 청천강 사이에는 산맥(山脈)이 낮고 평평하나 평안도 안의 청천강과 압록강 사이는 산세가 높고 험하여 곳곳이 지킬 만하다. 소위, 청북의 모든 군이 이곳이다.[191]

이것은 산줄기와 물줄기를 서로 연관된 하나의 체계로 인식한 동양의 전통지리학으로서 강으로 대부분의 명칭을 정한 『산경표』

---

191) 『星湖僿說』卷之二「天地門」西道關阨: "京都以西, 有松都之後, 西江, 又其西, 有豬灘, 又其西, 有大同江, 又其西, 有淸川江, 又其西, 有鴨綠江, 此其大較也. 兩水之間, 必有山一幹. 所謂靑石嶺一幹, 在西江豬灘之間, 爲京畿黃海之界. 正方城一幹, 在豬灘大同之間, 爲黃海平安之界. 此兩間, 實爲險阻, 可守之地. 大同淸川之間, 山脈低平, 而在平安道內, 淸川鴨綠之間, 山勢峻阨, 處處可守. 所謂淸北諸郡是也." 李瀷(1989), 『星湖僿說』v.1, p.62.

의 내용과 일맥상통한다.

뒤에 나오는 『산수고』나 『산경표』와 꼭 일치하는 것은 아니지만 대체적으로 대간의 줄기와 수계의 흐름을 정리한 내용들도 나온다.

지금 몽고의 국경 밖은 곧 글안(契丹)의 경계이다. 그러므로 순(舜)시대의 12주는 글안과 선비(鮮卑)의 지경까지를 포함했던 것이다. 요동에서부터는 별도의 국면이 형성되었다. 한 가지는 뻗어나와서 바다 속으로 들어가 서향의 국이 되었는데, 그 대간은 두류산에서 끝났다. (중략) 이곳은 또 우리나라의 별개의 국면으로 개성과 한양의 왼쪽 방위선이 되었고, 그 서북방으로 뻗친 대간은 압록강을 따라 서남방으로 뻗쳐서 의주까지 갔다. 그 한 가지는 설한령에서 갈라져서 대동강을 따라가다가 삼화현에서 그쳤고, 가장 남방으로 뻗친 가지도 설한령에서 갈라져서 저탄강을 따라가다가 해주에서 그쳤다. 구월산에서 나오는 모든 물은 북쪽으로 흐르니 그 산기슭이 모두 북쪽으로 꺾여서 개성과 한양 두 수도의 국면을 이루었음을 알 수 있다. 이것이 지맥의 대강이다.[192]

『성호사설』「천지문」에는 백두대간에 걸친 산계와 수계의 조화로 인물이 많이 나온다고 주장하였고 산맥이라는 용어도 사용하였다.

---

192) 『星湖僿說』卷之一 「天地門」東國地脈: "今蒙古柵外, 乃契丹之界. 然則舜時十二州, 合契丹鮮卑之境, 而有之也. 自遼東, 以便是別作局形. 一枝迤, 入海中, 爲西向之局, 其大幹, 止於頭流 (中略) 又是東國之別局, 爲松漢二京之左衛, 其西北大幹, 循鴨綠, 而西南走, 止於義州. 其一支, 岐於薛罕嶺, 循大同江, 止於三和縣, 最南者, 亦岐於薛罕, 循猪灘, 止於海州. 而九月山諸水, 皆北流, 則其山麓之北折, 可知爲二京之右衛外局, 此其地脈之槩也."
李瀷(1989), 『星湖僿說』v.1, p.13.

산수를 보면 풍기의 모이고 흩어짐을 아는 것이니, 산세가 겹겹으로 돌아 옹호해 주었다면 물이 어찌 흩어져 흐를 수가 있겠는가? 우리나라의 산맥(山脈)이 백두산으로부터 서남방으로 달려 두류산에 이르러 전라·경상 양도의 경계선이 되었다. 그리고 물은 황지에서 남으로 흘러 낙동강이 되었는데, 산이 동해 가로 연달아 바다를 막아 주었고, 두류산의 지맥이 또 동으로 달려서 여러 고을 물이 낱낱이 합류가 되어 김해와 동래 사이에 이르러 바다로 들어갔다. 그러므로 풍기가 모이어졌고 흩어지지 않았으니, 옛날 풍속이 아직도 남아 있고 명현이 배출하여 우리나라 인재의 부고가 되었다.[193]

『성호사설』에는 백두대간과 더불어 우리나라 전체의 지형을 개관한 부분도 서술되어 있다.『성호사설』권지일「천지문」동국지도에 보면 다음의 내용이 있다.

대체 우리나라의 지형은 북쪽은 높고 남쪽은 낮으며 중앙은 어지럽고 아래쪽은 넘쳐 난다. 백두산은 머리가 되고, 대령(大嶺)은 등성마루가 되어 마치 사람이 머리를 기울이고 등을 굽히고 선 것 같다. 그리고 대마도와 제주도는 양쪽 발 모양으로 되었는데, 해방(亥方)에 앉아서 사방(巳方)으로 향하였다고 하니, 곧 감여가(풍수지리학)의 정론이다. 서울을 중심으로 하여 사방방위를 정한다면 온성이 자방[북쪽], 해남이 오방[남쪽], 풍천이 유방[서쪽], 강릉이 묘방[동쪽]이 된다.[194]

---

193)『星湖僿說』卷之三「天地門」兩南水勢: "觀其山水, 知風氣之聚散, 山勢回抱, 水安得散流乎. 我國山脈, 自白頭, 迤西, 迤南, 至頭流爲, 全羅慶尙兩道之界. 水自黃池南注, 爲洛東江, 沿東海, 有山隔海, 頭流之支, 又東走, 衆水一一合流, 至金海東萊之間, 而入海. 故其風聲氣習, 萃聚不渙, 古俗猶存, 名賢輩出, 爲一國之最."
李瀷(1989),『星湖僿說』v.1, p.95.
194)『星湖僿說』卷之一「天地門」東國地圖: "蓋我國地形, 北高, 南低,

동국지도라는 우리나라 전체의 모습을 그린 지도에 대한 성호 이익의 설명을 통해 그 당시 지도 제작 수준을 가늠할 수 있는데, 이 내용만으로도 우리는 한반도의 휘어진 방향과 동서남북의 끝을 알 수 있다. 또, 이익은 여기에서 지도 제작상의 문제점과 백리척에 관한 내용도 설명하고 있다.

『성호사설』「천지문」에는 백두산과 장백산의 관계를 알 수 있는 설명도 나온다.

> 백두산의 줄기가 북쪽 사막에서 나와 남쪽으로 달려서 분수령에 이르고, 다시 꺾이어 동쪽으로 나와서 가로 천 리에 뻗쳤으니, 예전에 불함산이라고 일컬은 곳이다. 그 속칭이 가이민상견아린이니, 가이민은 장(長)이고, 상견은 백(白)이며, 아린은 산(山)이다. 일명 장백산(長白山)이라고 한다.195)

이상에서 살펴본 대로 『성호사설』은 백두대간이라는 용어를 처음 사용하였고 후대의 이중환의 『택리지』, 신경준의 『산수고』, 『산경표』, 김정호의 대동여지도 등에 많은 영향을 미쳤다. 특히 「천지문」은 천문과 지리에 관한 많은 내용이 수록되어 있다. 특히, 한국의 전통지리학과 관련된 많은 자료를 담고 있지만 그동안 지리학계의 주목을 받지 못했고 연구가 소홀한 편이었다. 최근에 와

中殽, 而下嬴. 白山爲頭, 大嶺爲脊, 若人之側腦, 僂背. 而立對馬, 耽羅, 如兩趾, 坐亥, 面巳, 乃堪與家之正論. 以京都, 定四方之位, 則穩城爲子, 海南爲午, 豊川爲酉, 江陵爲卯."
李瀷(1989), 『星湖僿說』v.1, p.7.
195) 『星湖僿說』卷之一「天地門」生熟女眞: "白頭之幹, 自北漠來南走, 至分水嶺折, 而東橫亘千里, 古稱不咸山, 其俗稱, 歌爾民商堅阿鄰, 歌爾民者長也. 商堅者白也. 阿鄰者山也. 一名長白山."
李瀷(1989), 『星湖僿說』v.1, p.74.

서야 소수의 학자가 『성호사설』의 지리적 측면을 연구하고 있다.[196]

2. 『택리지』와 백두대간

18세기의 지리학자 이중환(1690~1756)이 지은 『택리지』의 「팔도총론」 첫 부분에 다음과 같은 내용이 있다.

곤륜산 한 가지가 큰 사막 남쪽으로 오다가 동쪽으로 의무려산이 되고 이곳으로부터 크게 끊어져서 요동의 들판이 된다. 들판을 건너가서 일어난 것이 백두산이 되니 이것이 곧 『산해경』에서 말하는 불함산(不咸山)이다. 정기가 북쪽으로 천 리를 뻗치고 두 강을 끼고 남쪽으로 향한 것이 영고탑이 되었다. 등 뒤로 뻗어 나간 한 가지가 조선산맥(朝鮮山脈)의 머리가 된다.[197]

위의 내용은 중국의 곤륜산에서 뻗어 온 산줄기가 백두산까지 이어지고 백두산은 곧 朝鮮山脈의 머리가 된다는 것이다. 다시 말하면 백두산의 연원이 중국의 곤륜산에 있고 백두산을 머리로 한 산줄기체계[白頭大幹]가 존재한다는 뜻이라고 할 수 있다.

『택리지』에는 백두대간이라는 표현은 없지만 백두대맥, 백두남

---

196) 손용택(2006), 「성호사설(星湖僿說)에 나타난 지리관 일고찰」 『한국지역지리학회지』, 제12 권 제3호. pp.392~407. 참조
197) 『擇里志』 「八道總論」: "崑崙山一枝, 行大漠之南, 東醫巫閭山, 自此大斷是爲遼東之野. 渡野起爲白頭山, 則山海經所謂不咸山是也. 精氣北走千里, 挾二江向南爲寧古塔, 背後抽一枝爲朝鮮山脈之首." 李重煥 지음, 李翼成 옮김(2003), 『擇里志』, p.309.

맥, 대간 등의 표현이 보인다. 大脈, 南脈, 大幹 등은 일반적으로 산계를 지칭하는 데 수계도 많이 고려하며 설정한 것으로 보인다. 여기에는 산은 음이고 물은 양이라는 동양철학의 기본인 음양사상이 적용된 것으로 보인다. 대간, 대맥으로 둘러싸인 지역의 모든 물은 반드시 한 하천으로 모인다. 따라서 같은 물을 마시는 유역의 주민은 문화가 동일하며, 하나의 경제권을 형성한다.

이중환은 「복거총론」 지리조에서 산수를 강조하고 있는데, 특히 물의 중요성을 강조하고 있다.

> 대저 물이 없는 땅은 살 곳이 못 된다. 산은 반드시 근본을 얻어야 하는데, 물과 배합이 된 이후에 바야흐로 생성하고 변화하는 묘리를 다할 수 있다. 그러나 물은 반드시 흘러오고 흘러감이 이치에 맞은 연후에야 비로소 종 모양을 이루어, 그 길함을 기르게 된다.198)

우선 『택리지』의 「복거총론」 산수편을 보면 글의 전체적인 흐름이 1대간과 2정간 12정맥의 내용을 담고 있는 부분이 나온다.

산수편에는 청북, 청남이란 『산경표』에서 본격적으로 나타난 용어가 등장한다. 뿐만 아니라 백두산에서 시작하여 지리산, 제주도, 유구국까지를 설명해 나가는 과정에 등장하는 산줄기의 흐름이 매우 체계적이다.

즉 『택리지』는 단순하게 산줄기를 나열한 것이 아니라 나름대로의 체계성을 갖추고 서술되어 있는데, 그 체계성이란 다름 아닌

---

198) 『擇里志』「卜居總論」 地理條: "凡無水之地, 自不可居. 山必得本, 配水然後, 方盡生化之妙. 然水必來去, 合理然後, 方成鍾, 毓之吉." 李重煥 지음, 李翼成 옮김(2003), 『擇里志』, p.271.

『산경표』로 집대성된 백두대간 개념이다. 1751년에 쓰인 『택리지』
산수편은 백두대간의 개념을 갖고 쓴 것으로 보이는 부분이 있다.

『택리지』「산수편」의 일부인 위의 내용을 가지고 『여지고』와
『산수고』 그리고 『산경표』의 백두대간의 산줄기와 비교하여 하나
하나 분석해 보면 양자가 상당히 유사한 면을 갖고 있음을 발견하
게 된다. 이것은 『택리지』의 내용이나 자료들이 『산경표』에 지대
한 영향을 주었음을 확인할 수 있는 근거이다.

> 백두산으로부터 함흥까지는 산맥(山脈)이 중앙으로 가다가, 동쪽가
> 지가 두만강의 남으로 가고, 서쪽가지는 압록강 남쪽으로 갔다.[199]

위 내용을 보면 백두산으로부터 함흥까지 가는 산맥은 백두대간
을 말하고 있는 것으로 보인다. 산맥이란 표현은 그전부터 쓰였으
나, 이 부분에서 백두대간이 산줄기임을 구체적으로 언급한 것이
다. 동쪽 가지는 두만강의 남으로 간다고 했으므로 이것은 『산경
표』상의 장백정간을 말하며, 서쪽 가지는 압록강 남쪽으로 갔다는
표현으로 보아 청천강 북쪽의 청북정맥을 설명하는 것으로 보인다.
어느 강을 기준으로 하는가에 따라 압록강 남쪽인가, 청천강 북쪽
인가가 결정되는 것이다. 『산경표』의 저자는 압록강 대신 청천강
을 기준 분수계로 보는데, 바로 이 『택리지』에 청남, 청북의 용어
가 사용된 것에서 청천강이 채택된 것 같다.[200]

---

199) 『擇里志』「卜居總論」山水篇: "自白頭, 至咸興, 山脈中行, 東枝行
　　於豆滿之南, 西枝行於鴨綠之南."
　　李重煥 지음, 李翼成 옮김(2003), 『擇里志』p.261.
200) 『擇里志』「八道總論」平安道條: "淸川江以南謂淸南, 地形東西狹,
　　以北謂淸北, 地形東西延褒甚廣."
　　李重煥 지음, 李翼成 옮김(2003), 『擇里志』p.306.

대간(大幹)은 끊어지지 않고 골짜기가 옆으로 뻗으며, 남쪽으로 수천 리를 내려가면서 경상도 태백산(太白山)까지 한 줄기의 영(通爲一派嶺)으로 통해져 있다.[201]

위의 내용은 백두대간의 전체 모습과 대간의 위용을 확인할 수 있는 설명이다. 일단 대간이 수천 리를 이어져 경상도 태백산까지 연결된 것으로 본 것이다. 특히 여기서 '通爲一派嶺'라고 표현한 것처럼 백두산에서부터 태백산까지 한 줄기의 嶺으로 통해진 것으로 본 것이다.[202] 嶺은 자전에서 산봉우리, 고개, 잇달아 뻗어 있는 산줄기라고 설명되어 있다. 그렇다면 적어도 백두산에서 태백산까지 한 줄기로 이어진 산줄기를 대간으로 파악하고 있었다는 것이다. 『성호사설』에 백두대간이라는 용어가 쓰였고 『택리지』에서 대간의 실제 산과 그 지역의 의미가 구체적으로 드러나 있는 것이다.

평안도는 청남(清南)과 청북(清北)을 논할 것 없이 모두 함흥으로부터 뻗어온 서북쪽가지가 맺어서 된 것이다.[203]

위 내용은 평안도의 산들이 모두 백두대간에서 갈라져 나왔음을 설명하고 있다. 청천강의 남쪽은 청남이라 하고 나중에 『산경표』

---

201) 『擇里志』「卜居總論」山水篇: "大幹則不斷, 峽橫亘, 南下數千里, 至慶尚太白山, 通爲一派嶺."
　　李重煥 지음, 李翼成 옮김(2003), 『擇里志』p.261.
202) 본서 제1장의 寶川大師 逸話에서 引用한 것처럼 이미 新羅時代에 백두산에서 五臺山까지 산줄기가 이어져 온 것으로 인식하였다.
203) 『擇里志』「卜居總論」山水篇: "平安一道, 無論清北清南, 皆自咸興, 西北枝結作."
　　李重煥 지음, 李翼成 옮김(2003), 『擇里志』p.260.

에서 청남정맥으로 호칭되는 것이다. 청북도 『산경표』에서 청북정
맥으로 자리매김하게 된다.

황해도와 개성부는 고원과 문천 사이로부터 뻗어 온 서쪽가지
가 맺어서 된 것이다.[204]

위의 내용은 고원, 문천의 두류산에서 갈라져 회령, 가사산, 고
달산, 개연산, 덕업산을 거쳐 서쪽으로 해서정맥으로 뻗어 나가는
산줄기를 설명하고 있다. 또, 개연산 가지의 다른 하나인 기달산,
천개산, 화개산을 거쳐 남쪽으로 뻗어 나가는 예성강 남쪽, 임진강
북쪽의 임진북예성남정맥의 산줄기임을 설명하는 것이다.

철원과 한양은 안변 철령으로부터 발맥하여 나온 줄기가 맺어
서 된 것이다.[205]

위의 내용은 강원도와 함경도의 경계인 철령[206] 부근에서 맥이

---

204) 『擇里志』「卜居總論」山水篇: "黃海一道, 及開城府, 從高原文川間,
    西枝結作."
    李重煥 지음, 李翼成 옮김(2003), 『擇里志』p.260.
205) 『擇里志』「卜居總論」山水篇: "鐵原漢陽, 自安邊鐵嶺, 發脈結作."
    李重煥 지음, 李翼成 옮김(2003), 『擇里志』p.260.
206) 咸鏡道 안변군 신고산면과 江原道 회양군 하북면 사이에 있는 고개.
    높이 685m. 고개의 북쪽을 關北地方, 동쪽을 關東地方이라고 한다.
    1914년 楸哥嶺構造谷을 따라 부설된 경원선이 개통되기 이전에는
    關北地方과 中部地方을 잇는 중요한 交通路로 이용되어, 원산·용
    지원·고산·회양을 거쳐 서울로 연결되었다. 고산은 고개 북쪽, 회
    양은 고개 남쪽에 발달한 嶺下聚落이다. 1388년(우왕 14) 明나라가
    鐵嶺 이북은 본래 元나라 땅이라 하며 遼東 관할하에 두겠다고 통
    보해 오자, 高麗에서는 이에 반대하고 鐵嶺뿐만 아니라 그 이북의
    公山嶺까지도 본래는 高麗의 領土라 하여 遼東征伐을 결의하였다.

나온 것으로 설명하였으나, 『산경표』를 기준으로 하면 한북정맥은
강원도 평강현의 분수령207)에서 가지가 갈라져 철원 지역을 지나
한양으로 뻗어 가는 한강 북쪽의 한북정맥을 이야기하고 있다. 한
북정맥은 여기서부터 한양의 진산인 삼각산까지 천 리에 달하는
정맥이다. 『택리지』에서는 정확한 산의 이름보다 고려시대 이래
일반적인 지역명인 철령을 사용한 것으로 보인다.

> 강원도는 모두 철령 서쪽으로부터 뽑혀 나온 것인데, 서국은
> 용진에서 이루어지니 한나라의 가장 짧은 맥이다. 이곳을 지나면
> 산이 없다.208)

위의 내용은 백두대간의 강원도 오대산에서 갈라져 나와 북한강
남쪽과 남한강 북쪽 사이로 뻗어 나온 가지를 말하며 용문산을 거
쳐 용진에서 끝난다. 정맥의 지위는 부여받지 못했으나 대동여지
도에는 분명히 나타난다. 정맥의 지위를 부여받지 못한 이유는 다
른 정맥들은 모두 해안 근처까지 정맥이 뻗어 있으나 이것은 중간
에서 끝나기 때문인 것으로 판단된다.

> 태백산으로부터 영(嶺)의 등성마루가 좌우로 나뉘어 가니, 좌측
> 가지는 동해를 따라 내려갔다.209)

결국, 이성계의 威化島回軍으로 遼東征伐은 이루어지지 않았으나 鐵
嶺 以北도 明나라에 歸屬되지 않았다. [엠파스 백과사전]
207) 『新增東國輿地勝覽』卷四十七 江原道 平康縣 山川條: "分水嶺在縣
北四十九里, 白頭山之脈勢, 到此, 分爲東西二支."
盧思愼 等編(1985), 『新增東國輿地勝覽』, 서울, 明文堂, p.852.
208) 『擇里志』「卜居總論」山水篇: "江原一道, 皆自嶺西抽者, 而西局於
龍津爲, 一國最短之脈. 過此而無山."
李重煥 지음, 李翼成 옮김(2003), 擇里志』p.260.

위의 내용은 백두산에서 시작하여 태백산까지 내려온 백두대간
이 계속 남쪽으로만 가지 않고 백두대간은 속리산 쪽인 국토의 중
앙으로 방향을 잡은 것을 말하고 있다. 동해안을 따라 내려간 정
맥은 낙동강의 동쪽에 있으므로 낙동정맥이 되는 것이다. 즉 좌우
가 나뉘는 것이 아니라 백두대간은 우측으로 방향을 틀면서 속리
산, 지리산으로 가는 것이다.

우측가지는 소백산으로부터 남쪽으로 내려간 것은 태백산과는 비
교가 안 된다. 이상, 비록 만산중에 중심맥의 이어진 부분이 몇 번
끊기기는 했지만, 큰 영이 4개나 되고, 작은 영은 7개나 되었다.[210]

위의 내용은 태백산에서 소백산으로 내려간 대간이 속리산으로
이어지고 덕유산과 지리산까지 이어지는 대간의 힘찬 노정을 말하
고 있다. 이 과정에서 큰 嶺이 넷, 작은 嶺이 일곱이 됨을 설명하
고 있다. 인구에 회자되는 경상도와 충청북도의 경계를 이루는 嶺
들이다. 대표적인 것으로 죽령, 조령, 이화령, 추풍령, 육십령 등이
있다.

속리산에서 남쪽으로 내려오다가 바깥으로 거꾸로 간 것은 기
호지방 남북 들판에 대야가 엎어진 것처럼 널려 있다.[211]

---

209) 『擇里志』「卜居總論」山水篇: "自太白山, 嶺脊分左右, 行左枝遵東海."
李重煥 지음, 李翼成 옮김(2003), 『擇里志』p.260.
210) 『擇里志』「卜居總論」山水篇: "右枝, 自小白南下者, 不比太白. 以
上, 雖萬山中, 脊脈連斷數斷, 大嶺四, 小嶺七."
李重煥 지음, 李翼成 옮김(2003), 『擇里志』p.260.
211) 『擇里志』「卜居總論」山水篇: "俗離南下, 外倒行者, 盤礴於畿湖南
北之野."
李重煥 지음, 李翼成 옮김(2003), 『擇里志』p.260.

위의 내용은 특이하게 속리산까지 내려온 백두대간에서 일부가 갈라져 북서진하면서 한남금북정맥이 되고 칠현산에서 다시 한남정맥과 금북정맥으로 나뉘는 것을 설명하고 있다. 기호지방, 즉 한강 이남의 경기도의 대부분의 산은 이 한남금북정맥의 줄기에서 가지 친 것으로 높은 산에서 보면 대야를 엎어 놓은 것처럼 낮은 구릉으로 변한 것을 말한다. 그런데 이 한남금북정맥은 칠현산에서 다시 갈라져, 금북정맥으로 변한다. 이 금북정맥은 남하하여 천안, 청양을 경유하여 보령 근처까지 갔다가 홍성을 거쳐 가야산을 만들고 서산, 태안을 거쳐 서해로 들어간다. 태백산에서 속리산, 칠현산, 청양의 일월산을 거쳐 서해안으로 가는 이 정맥은 정맥의 전체적인 주행이 전형적인 갈지자(之) 형태를 이룬 것으로 보인다.

　　덕유산의 정기는 서쪽에서 마이산, 추탁산이 되었고, 남쪽에서
　지리산을 지었다.[212]

위 내용은 덕유산에서 지리산으로 내려가던 백두대간이 장안산에서 나누어져 서쪽의 마이산까지 가는 호남금북정맥을 설명하고 있다. 이것은 정맥으로 명명된 산줄기 중에서 제일 짧은 정맥이다. 백두대간이 호남금북정맥으로 다시 가지를 치지만 대간의 중심맥인 덕유산은 지리산까지 내려가 대간의 끝을 맺는다는 설명이다.

　　마이산 서북의 두 가지는 진잠과 만경에서 그쳤다.[213]

---

212)『擇里志』「卜居總論」山水篇: “德裕精氣, 西爲馬耳, 麤濁, 南作智異.”
　　李重煥 지음, 李翼成 옮김(2003),『擇里志』p.260.
213)『擇里志』「卜居總論」山水篇: “馬耳西北二枝, 止鎭岑萬頃.”
　　李重煥 지음, 李翼成 옮김(2003),『擇里志』p.260.

위 내용은 마이산에서 갈라진 금남정맥이 북쪽으로 뻗어 계룡산이 있는 진잠까지 이어지는 것과 『산경표』의 정맥은 아니지만 만경강과 동진강 사이의 산줄기를 설명하고 있는 것 같다.

그중 가장 긴 것은 노령으로부터 세 가지로 갈라져, 서북의 두 가지가 부안과 무안을 통하여 흩어져서 서해 중의 여러 섬을 지었다. 그중 가장 긴 것은 동쪽으로 가서 담양의 추월산과 광주의 무등산이 되었으며, 추월산과 무등산은 또 서쪽으로 가서 영암의 월출산이 되었다. 월출산으로부터 또 동쪽으로 가다가 광양의 백운산에서 그치니, 산맥의 굴곡이 갈지자(之)와 같은 모양이다.214)

위 내용을 보면 정맥보다는 작은 가지들이 갈라져서 서북쪽으로는 부안과 무안으로 가고 결국은 서해의 많은 섬을 만든 것으로 보고 있다. 마이산에서 갈라진 줄기는 내장산으로 갔다가 담양의 추월산을 거쳐 광주의 무등산을 만든다. 정맥에서 일부가 갈라져 월출산을 만들지만 월출산은 호남정맥에서 비껴 있다. 정맥은 화악산, 용두산, 사자산을 거쳐 조계산에 이른 후 백운산에서 ㄷ 자 형태의 천리간의 대장정을 끝낸다.

위의 내용을 정리해 보면 백두대간의 전체적인 줄기와 순서를 백두대간, 장백정간, 청북정맥, 청남정맥, 해서정맥, 임진북예성남정맥, 한북정맥, 낙동정맥, 한남금북정맥, 한남정맥, 금북정맥, 금남호남정맥, 금남정맥, 호남정맥의 순서로 기술한 것으로 볼 수 있다.

---

214) 『擇里志』「卜居總論」山水篇: "其最長者, 自蘆嶺, 分三派, 西北二枝, 由扶安務安, 而散作西海. 中諸島, 其最長者, 東去爲潭陽秋月山, 光州無等山, 秋月無等, 又西行爲靈巖月出山. 自月出, 又東行, 止於光陽白雲山, 山脈之屈曲, 如之字形."
李重煥 지음, 李翼成 옮김(2003), 『擇里志』p.260.

그 외에 『산경표』에는 일부 표시되지만 따로 위계적인 이름이 붙지 않은 많은 지맥들도 언급되어 있다. 물론 『산경표』 같은 체계성이나 조직적인 면은 없지만 평이한 서술가운데 한국의 산줄기를 개략적으로 표현하고 있는 것이다. 다만 『택리지』의 서술에서 洛南正幹215)은 빠져 있다. 백두대간의 개념이 지리산에서 끝났다고 생각했기 때문에 고려의 대상이 되지 않았을 수도 있다. 아니면 다른 지맥들과 같은 상태여서 정맥으로 다루지 않았을 수도 있다.

『택리지』는 살기 좋은 곳을 찾기 위해 저자 자신의 체험을 바탕으로 서술한 책이다. 살기 좋은 곳을 고르다 보니 자연히 국토 전체의 지리, 생리, 인심, 산수들을 다루고 있다. 그 가운데 복거총론의 산수는 한국의 산수체계를 파악하는 데 중요한 실마리가 되는 내용을 요약해 놓았다. 이것은 마치 『산경표』의 백두대간으로 가는 징검다리 역할을 하고 있는 것 같다.

3. 『여지고』·『산수고』·『산경표』와 백두대간

2장에서 살펴본 대로 백두산에 대한 인식은 통일신라 이후부터 정립되었다고 볼 수 있지만, 백두산과 그와 연결된 백두대간체계

---

215) 『擇里志』의 50년 뒤에 저술되는 『산경표』에서 洛南正幹은 長白正幹과 함께 2대 正幹으로 새로 등장한다. 正幹을 正脈으로 통일하지 않고 正幹으로 구별한 것은 저자 나름대로의 의미가 있었거나 대부분의 동시대 사람들 간의 합의가 이루어졌던 것으로 볼 수 있다. 백두대간체계 속에서의 正幹의 의미와 名稱의 차이를 연구하고 검토한 결과, 다음과 같은 推論을 내렸다. 즉 『산경표』의 저자는 백두대간의 진행방향에서 주로 갈라져 나가는 산줄기(正脈)의 方向과 반대되는 산줄기에 正幹의 名稱을 부여한 것으로 보인다.

가 문헌상으로 분명히 정립된 것은 18세기 중엽 이후이다.

『산경표』에는 백두산에서 시작하여 1개의 대간과 2개의 정간, 12개의 정맥으로 조선의 산줄기가 분류되어 있다. 이보다 앞서 편찬된 여암 신경준(1712~1781)의 『여지고』와 『산수고』에는 백두산에서 12개의 산으로 나누어지는 체계로 정리되어 있다. 『여지고』와 『산수고』는 국토의 산천에 대한 체계적 이해를 위한 전통적인 자연지리학의 내용을 담고 있는 것이다.

신경준은 재야에서 저술을 하거나 단독으로 지리서를 펴낸 것이 아니었다. 그는 정부의 관료로 있으면서 국가적인 사업으로 지리서를 펴낸 것이었다. 당시의 왕이었던 영조는 신경준이 편찬한 『강역지』를 보고 그로 하여금 『여지편람』을 감수하여 편찬하게 하였다. 『여지편람』을 본 영조는 그 범례가 중국의 『문헌통고』와 비슷하다 하여 『동국문헌비고』로 이름을 바꾸어 새로 편찬하게 하였다.

1770년(영조 46)에 찬집청을 설치하여 문학지사 8인을 선발하여 『동국문헌비고』를 편찬하도록 함에 따라, 신경준은 『여지고』 부분을 관장하였다. 歷代國界, 郡縣沿革, 山川, 道里, 關防, 城郭, 海防, 海路 부록으로 北間島疆界, 西間島疆界로 구성된 목차에서 볼 수 있듯이 『동국문헌비고』의 『여지고』는 그의 해박한 지리 지식을 종합하여 편찬한 것이었다.

『산수고』는 정인보가 1939년부터 간행한 『旅庵全書』에 山經, 山緯, 山經, 水經, 水緯, 水緯의 총 6권으로 실려 있으나, 누락된 부분이 상당수 있다.

『산수고』는 다음과 같은 글로 시작된다.

하나의 근본에서 만 가지로 나누어지는 것이 산이요. 만 가지의 끊어진 것이 합쳐서 하나가 되는 것은 물이다. 나라 안의 산수는 열둘로 밝힐 수 있으니, 백두산으로부터 나뉘어 12산이 되고, 12산은 나뉘어 팔로[八道]의 여러 산이 된다. 팔로의 여러 물은 합하여 12수가 되고, 12수는 합하여 바다로 흐른다. 모양의 우뚝 솟음과 나누어지고 합하는 묘리를 이것에서 가히 볼 수 있다.[216]

위의 내용에서 나라 안의 산수를 12가지로 밝히고 산은 특히 "백두산으로부터 나뉘어 12산이 되고, 12산은 나누어 팔도의 여러 산이 된다."고 하였는데, 그 12산에 대해서는 『여지고』와 『산수고』에 자세히 나타나 있다.

『산수고』에는 12개의 산과 하천의 명칭이 개괄되어 있다. 12산은 ① 三角山, ② 白頭山, ③ 圓山, ④ 狼林山, ⑤ 豆流山, ⑥ 分水嶺, ⑦ 金剛山, ⑧ 五臺山, ⑨ 太白山, ⑩ 俗離山, ⑪ 六十峙, ⑫ 智異山이다. 12수는 ① 漢江, ② 禮成江, ③ 大津江, ④ 錦江, ⑤ 沙湖, ⑥ 蟾江, ⑦ 洛東江, ⑧ 龍興江, ⑨ 豆滿江, ⑩ 大同江, ⑪ 淸川江, ⑫ 鴨綠江이다. 산 중에서 삼각산이 처음이 되고, 강 중에서는 한강을 처음으로 했으니, 이는 경도를 높인 것이라 하였다.[217] 여기서 경도를 높였다고 한 것은 임금이 있는 수도를 높인

---

216) 『山水考』卷一「山經」: "一本而分萬者山也. 萬殊而合一者水也. 域內之山水表以十二, 自白頭山分而爲十二山, 十二山分而爲八路諸山, 八路諸水合而爲十二水, 十二水合而爲海流. 峙之形分合之妙於玆可見."
申景濬 著, 申宰休 編(1939), 『旅菴全書』 第二册, 京城, 新朝鮮社, pp.139.

217) 『山水考』卷一「山經」: "十二山, 一曰三角, 二曰白頭, 三曰圓山, 四曰狼林, 五曰豆流, 六曰分水, 七曰金剛, 八曰五臺, 九曰太白, 十曰俗離, 十一曰六十峙, 十二曰智異, 十二水, 一曰漢江, 二曰禮成, 三曰大津, 四曰錦江, 五曰沙湖, 六曰蟾江, 七曰洛東, 八曰龍興, 九曰豆滿, 十曰大同, 十一曰淸川, 十二曰鴨綠, 山以三角爲首, 水以漢江, 爲首尊京都也."
申景濬 著, 申宰休 編(1939), 『旅菴全書』 第二册, 京城, 新朝鮮社,

것으로 볼 수 있다. 또 이것은 산수가 어우러진 백두대간체계에서 수운을 중심으로 한 수계가 중시되었음을 알 수 있다. 수운은 일상생활과 연결된 중요한 부분임을 알 수 있다.

『여지고』와 『산수고』에는 백두대간의 산줄기가 자세히 설명되어 있으나 복잡한 편이다. 편의상 백두대간의 산줄기 부분만 따로 인용해서 ①부터 ⑩까지 열 개의 문단으로 구별하여 비교하였다. 열 개로 나눈 것은 『여지고』와 『산수고』의 구분에서 따온 것이다. 우선 『여지고』에서 인용한 부분은 ①로 표기하고 『산수고』에서 인용한 부분은 ①-1로 표시하며 『산경표』에서 인용한 부분은 ①-2로 표시하였다. 『여지고』와 『산수고』 그리고 『산경표』의 백두대간체계의 순서를 다음과 같이 정렬하였고 2정간과 12정맥도 같은 방식으로 정리하였다. 인용문의 따옴표는 생략하였고 연관된 산명의 확인과 구별을 위해 밑줄은 필자가 표시한 것이다.

1) 白頭大幹

① <u>白頭山</u>山海經作不咸山唐書曰太白山山由鴨綠土門兩江之間而南南至于<u>臙脂之峯虛頂之嶺</u>環爲天坪東南迤爲<u>寶多沙伊緩項漁隱</u>至于<u>圓山</u>(『輿地考』)

①-1 <u>白頭山</u>山海經作不咸山唐書作太白山山由鴨綠土門兩江之間而南南至于<u>臙脂之峯虛頂之嶺</u>環爲天坪東南迤爲<u>寶多沙伊緩項漁隱</u>至于<u>圓山</u>(『山水考』)

①-2 白頭山-臙脂峯-虛頂嶺-寶多會山-沙伊峯-緩項嶺-漁隱嶺-圓山(『山經表』)

---

pp.139-140.

130

『여지고』와 『산수고』 그리고 『산경표』의 산의 이름과 순서가 대체로 일치함을 알 수 있다. 『여지고』와 『산수고』의 표기는 산과 嶺은 혼용하기도 하고 산명에 갈지자(之)를 넣은 경우가 많다. 『여지고』에 비해 『산수고』는 오탈자가 많은 편이다. 『산경표』에서도 山과 嶺은 많이 혼용되었다. 『여지고』, 『산수고』에는 낙남정간이 뒤에 나온다.

『여지고』와 『산수고』는 임진북예성남정맥 다음에 해서정맥이 나온다. 『산경표』의 순서는 그 반대이다. 본서에서는 『산경표』의 순서를 기준으로 삼았다.

② <u>圓山西北至于馬騰掛山之嶺南至于黃土天秀趙哥之嶺西至于厚致香嶺太白之山又西南至赴戰大小白亦黃草麝香又西北至于雪寒之嶺東南至于狼林之山</u>(『輿地考』)

②-1 <u>圓山西北至于馬騰掛山之嶺南至于黃土天秀趙哥之嶺西至于厚致香嶺太白之山西南至于赴戰大小白亦黃草麝香西北至于雪寒之嶺東南至于狼林之山</u>(『山水考』)

②-2 圓山－馬騰嶺－掛山嶺－黃土嶺－天秀嶺－趙哥嶺－厚致嶺－香嶺－太白山－赴戰嶺－大白亦山－小白亦山－黃草嶺－麝香山－雪寒嶺－狼林山(『山經表』)

③ <u>狼林山南至三劍之山馬蹄橫天頭無艾田鐵甕吳江之山東南至于雲嶺亏羅之山東至于巨次之山東北至于土嶺莊佐之嶺東南至于大莪竹田麒麟載靈之山東至于花餘豆流之山</u>(『輿地考』)

③-1 <u>狼林山南至三劍之山馬蹄橫天頭無艾田鐵甕吳江之山東南至雲嶺亏羅之山東北至土嶺莊佐之嶺東南至大峨竹田麒麟載靈之山東至</u>

于花餘豆流之山(『山水考』)

　③-2 狼林山－上劍山－馬蹄山－橫天嶺－頭蕪山－艾田山－鐵甕山－吳江山－雲嶺－亏羅鉢山－巨次山－土嶺－莊佐嶺－大峨峙－竹田嶺－麒麟嶺－載靈山－花餘山－豆流山(『山經表』)

　④ 頭流山東南至蘆洞之峴盤龍之山南至馬息之嶺老人之峙又南至朴達白鶴洩雲雪吞分水之嶺(『輿地考』)

　④-1 頭流山東南至蘆洞之峴盤龍之山南至馬息之嶺老人之峙又南至朴達白鶴洩雲雪吞分水之嶺(『山水考』)

　④-2 頭流山－蘆洞峴－盤龍山－馬恩山－老人峙－朴達嶺－白鶴山－洩雲嶺－雪吞嶺－分水嶺(『山經表』)

　⑤ 分水嶺北東于青霞楸浦風流鐵嶺之阨又東至于板機騎竹之嶺南至于猪蹄楸池板幕灑嶺東南至于溫井又南爲金剛之勝(『輿地考』)

　⑤-1 分水嶺北東至于青霞楸浦風流鐵嶺之阨又東至于板機騎竹之嶺南至于猪蹄楸池板幕灑嶺東南至于溫井又南爲金剛之勝(『山水考』)

　⑤-2 分水嶺－青霞嶺－楸浦嶺－風流山－鐵嶺－板機嶺－騎竹嶺－猪蹄嶺－楸池嶺－板幕嶺－洒嶺－溫井嶺－金剛山(『山經表』)

　⑥ 金剛山南至于檜田珍富麻奢屹里彌時西至于雪嶽東南至于五色連水曹枕又南至于九龍之嶺五臺之山(『輿地考』)

　⑥-1 金剛山南至于檜田陳富麻奢屹里彌時西至于雪岳東南至于五色連水阻枕又南至于九龍之嶺五臺之山(『山水考』)

　⑥-2 金剛山－檜田嶺－珍富嶺－麻奢羅山－屹里嶺－彌時坡嶺－雪岳－五色嶺－連水嶺－曹枕嶺－九龍嶺(山)－五臺山(『山經表』)

⑦ 五臺山東南至于<u>大關插當百福之嶺頭陀青玉之山</u>西至于<u>竹峴建儀之嶺大朴太白之山</u>(『興地考』)

⑦-1 <u>五臺山</u>東南至于<u>大關插當百福之嶺頭陀青玉之山</u>西至于<u>竹岺建儀之嶺大朴太白之山</u>(『山水考』)

⑦-2 <u>五臺山</u>－<u>大關山</u>－<u>插當嶺</u>－<u>百福嶺</u>－<u>頭陀山</u>－<u>青玉山</u>－<u>竹峴</u>－建儀嶺－大朴山－太白山(『山經表』)

⑧ 太白山西至于<u>水多白屛之山</u>又西至于<u>馬兒串赤之山</u>又西至于<u>小白之山</u>爲竹嶺之阨又西南至于<u>兜率鵲城之山黛眉鷄立之嶺</u>爲鳥嶺之阨伊火曦陽南至于<u>周峴大耶之山</u>佛日華山至于<u>俗離之山</u>(『興地考』)

⑧-1 太白山西至于<u>水多白屛之山</u>又西至于<u>馬兒串峙之山</u>又西至于<u>小白之山</u>爲竹嶺之阨又西南至于<u>兜率鵲城之山帶美鷄立之嶺</u>爲嶺之阨伊火曦陽南至于<u>周峴大耶之山</u>佛日華山至于<u>俗離之山</u>(『山水考』)

⑧-2 太白山－水多山－白屛山－馬兒山－串赤山－小白山－竹嶺－兜率山－鵲城山－黛眉山－鷄立山－鳥嶺－伊火峴－曦陽山－周峴－大耶山－佛日山－華山－俗離山(『山經表』)

⑨ <u>俗離山</u>南至于<u>九峰鳳凰之山熊峴熊耳</u>至于<u>高山</u>東至<u>黑雲之山</u>西至于<u>秋風之嶺</u>南至于<u>掛榜黃嶽三聖牛頭三道大德之山</u>西南至于<u>德裕之三峰白巖鳳凰之峰</u>南至于<u>六十之峙長安之山</u>(『興地考』)

⑨-1 <u>俗離山</u>南至于<u>九峰鳳凰之山熊峴熊耳</u>至于<u>高山</u>東至于<u>黑雲之山</u>西至于<u>秋風之嶺</u>南至于<u>掛榜黃岳三聖牛頭三道大德之山</u>西南至于<u>德裕之三峰白巖鳳凰之峰</u>南至于<u>六十之峙長安之山</u>(『山水考』)

⑨-2 俗離山－九峰山－鳳凰山－熊峴－熊耳山－高山－黑雲山－

秋風嶺-桂榜山-黃岳山-三聖山-牛頭山-三道峯-大德山-德裕山-白巖峯-鳳凰山-六十峙-長安峙(『山經表』)

⑩ 長安山南至本月之峙白雲之山箕峙柳峙女院峙至于智異之山(『輿地考』)

⑩-1 六十峙南至長安之山爲本月之峙白雲之山箕峙柳峙女院峙至于智異之山(『山水考』)

⑩-2 長安峙-本月峙-白雲山-箕峙-柳峙-女院峙-智異山(『山經表』)

2) 2正幹

① 長白正幹
① 圓山東北次之山曰長白之山東爲馬踰巨門契湯偵探車踰梨峴茂山加應嚴明鹿野葛坡松眞白嶽至于造山豆滿江經其東南(『輿地考』)

①-1 圓山東北次之山曰長白山東爲馬踰巨門契湯偵探車踰梨峴茂山加應嚴明鹿野葛坡松眞白岳至于造山豆滿江經其東南(『山水考』)

①-2 圓山-長白山-馬踰山-巨門嶺-契湯嶺-俱探嶺-車踰嶺-梨峴-茂山嶺-加應石嶺-嚴明山-鹿野峴-葛坡嶺-松眞山-白岳山-造山-西水羅串山(『山經表』)

② 洛南正幹
② 智異山居國之極南極高大白頭靈淑之氣流畜于玆故亦曰頭流南至鷲嶺東爲黃峙至于玉山素谷玉女望晉八音千金之山東南至于無量之山東北至于餘航匡盧斗尺青龍之山東至于九龍旃檀飛音佛母龜旨之峯南

對<u>沒雲之臺</u>於三叉之北(『輿地考』)

②-1 <u>智異山</u>居國之極南極高大白頭靈淑之氣流畜于茲故亦日頭流南至<u>鷲嶺</u>東爲<u>黃峙</u>至于<u>玉山所谷玉女望晉八音千金之山</u>東南至于<u>無量之山</u>東北至于<u>餘航匡廬斗尺青龍之山</u>東至于<u>九龍旃檀飛音佛母龜旨之峯</u>南對<u>沒雲之臺</u>於三叉之北(『山水考』)

②-2 智異山-鷲嶺-黃峙-玉山-素谷山-玉女山-望晉山-八音山-千金山-無量山-餘航山-匡廬山-斗尺山-青龍山-九龍山-旃檀山-佛母山-龜旨山-盆山(『山經表』)

3) 12正脈

① 清北正脈

① <u>狼林西次之山</u>日<u>太白之山</u>西至于<u>甲峴道湯狄踰之嶺山狗峴</u>至于<u>梨坡之嶺梅花棘城</u>至于<u>牛峴之阨車嶺丫號</u>至于<u>月之嶺昌城之街</u>西北至于<u>甫里之阻大小九階之嶺</u>南至于<u>宋洞緩之阻大小束沙之阨</u>西至于<u>大小防墻之嶺</u>西南至于<u>界畔洗井溫盖幕之山</u>南至于<u>大小城嶺天磨之山</u>西至于<u>青龍之山蘆洞之峴</u>南至于<u>長峴梨峴艾嶺北松普光華嶽東顧白雲望日之山</u>南至于<u>長化之山</u>爲<u>西林之阻</u>西至于<u>龍骨法興彌羅彌串之山</u>當大摠入海之口(『輿地考』)

①-1 <u>狼林西次之山</u>日<u>太白之山</u>西至于<u>甲峴道湯狄踰之嶺白山狗峴</u>至于<u>梨坡之嶺梅花棘城</u>至于<u>牛峴之阨車嶺了號</u>至于<u>月隱之嶺昌城之街</u>西北至于<u>甫里之阻大小九階之嶺</u>南至于<u>宋洞緩項之阻大小束沙之阨</u>西至于<u>大小防墻之嶺</u>西南至于<u>界畔洗井溫井盖幕之山</u>南至于<u>大小天成天磨之山</u>西至于<u>青龍之山蘆洞之峴</u>西南至于<u>長峴梨峴艾嶺北松普光華岳東顧白雲望日之山</u>南至于<u>長花之山</u>爲<u>西林之阻</u>西至于<u>龍骨法興彌羅彌</u>

串之山當大摠入海之口(『山水考』)

①－2 狼林山－太白山－甲峴－道湯嶺－狄踰嶺－白山－狗峴－梨坡嶺－梅花嶺－棘城嶺－牛峴－車嶺－丫號末嶺－月隱嶺－昌城街嶺－南里見子嶺－大小九階嶺－宋洞嶺－緩項嶺－大東沙嶺－小東沙嶺－大防墻嶺－小防墻嶺－洗畔山－洗井嶺－溫井嶺－蓋幕山－大城嶺－小城嶺－天摩山－青龍山－蘆洞峴－長峴－梨峴－艾嶺－北松山－普光山－華山－東顧山－白雲山－望日山－長化山－西林山－龍骨山－法興山－彌羅山－彌串山(『山經表』)

② 清南正脈

② 狼林西南次之山曰只幕之山廣城之嶺西南至于桂川同茂竗香之檢山東南至于謁日長安之山又西南至于卵結白雲姑射墨方之山都會之峙又南至于西山馬頭悟道含朴到雲黃龍之山慈母之阨又西至于法弘虎田於把都廷之山南至于靈川米豆鎭望獨子之山西南至于豆登國靈之山望海檢嚴至于虎頭牙善之山窟靈鳳哭至于烏石花精之山石骨甄覆至于慈正之山南至甄惡之山廣梁之險南望許沙之琵琶山(『輿地考』)

②－1 狼林西南次之山曰池莫之山廣城之嶺西南至于觀音檢山卵結白雲姑射墨方之山都會之峙南至馬頭悟道含朴倒雲黃龍之山慈母之阨又西至于法弘虎田於把都廷之山南至于靈川米豆鎭望獨子之山西南至于豆等國靈之山望海檢嚴至于牙善之山窟靈鳳哭至于烏石花精之山石骨甄覆至于慈正之山南至于甄岳之山廣梁之險南望許沙之琵琶山(『山水考』)

②－2 狼林山－只幕山－廣城嶺－桂川山－同茂山－竗香山－檢山－謁日山－長安山－卵結山－白雪山－姑射山－墨方山－都會峙－西山－馬頭山－悟道山－含朴山－倒雲山－黃龍山－慈母山城－法弘

山－虎田山－於抱峴－都廷山－靈川山－米豆山－鎭望山－獨子山－
豆登山－國靈山－望海山－檢巖山－虎頭山－牙善山－窟靈山－鳳哭
山－烏石山－花精山－石骨山－甑覆山－慈正山－甑岳山－廣梁鎭(『
山經表』)

③ 海西正脈
③ 開蓮西次之山曰德業之山又西至于大隴之坡北至于甑擊彦眞之山
南迤至于蔓嶺西爲明月天子南爲梁坡造山勃隱五峰葛峴西南至于黃龍
之山車踰之嶺南至滅惡之山 (中略) 滅惡南次之山曰成佛雲達之山南西
至于吹螺唱金佛足北嵩之山西北至于文山天奉西至于達摩北至于龍門
又北爲錐山至于廣大九月之山又自文山西南迤爲長登之峴至于壽大紫
丹之山西至于靑巖錢山開龍之山又自達摩西至于鶴嶺圓通極樂佛陀又
西至于彌羅長山醯甕之險(『輿地考』)

③-1 開蓮西次之山曰德業之山大隴之坡北至于甑擊彦眞之山南迤
至于蔓嶺西爲明月天子南爲梁坡造山件隱五峰葛峴西南至于黃龍之山
車踰之嶺南至于滅惡之山 (中略) 滅惡南次之山曰成佛雲達之山南西至
于吹螺唱金佛足北嵩之山西北至于文山天奉西至于達摩北至于龍門又
北爲錐山至于車踰爲九月之山又自文山西南迤爲長登之峴至于水多紫
丹之山西至于靑巖錢山開龍之山又自達摩西至于鶴峴圓通極樂佛陀又
西至于彌羅長山蟹瓮之險(『山水考』)

③-2 開蓮山－德業山－大櫳板－甑擊山－彦眞山－蔓嶺－明月
山－天子山－梁坡山－造山－勃隱峙－五峰山－葛峴－黃龍山－車踰
嶺－滅惡山－成佛山－吹螺山－唱金山－佛足山－北嵩山－文山－天
奉山－達摩山－鶴山－圓通山－極樂山－佛陀山－彌羅山－長山串－
醯甕之險(『山經表』)

④ 臨津北禮成南正脈

④ 開蓮南次之山曰箕達之山天盖華盖至于鶴峰首龍之山白峙牛耳至于聖居天磨之山又至于扶蘇之岬南有松京 (中略) 扶蘇山自進凰西南至白龍山西迤至豊德府治(『輿地考』)

④-1 開蓮南次之山曰天盖華盖之山箕達鶴峰至于首龍之山白峙牛耳至于聖居天摩松岳之山南有松京 (中略) (松岳山) 一麓南至進鳳山西南至白龍山西迤至豊德府治(『山水考』)

④-2 開蓮山－箕達山－天盖山－華盖山－鶴峰山－首龍山－白峙－牛耳山－聖居山－天摩山－扶蘇岬－進凰山－白龍山－豊德治(『山經表』)

⑤ 漢北正脈

⑤ 分水嶺東次之山曰白冰雙嶺之山南至于箭川水于之山餘破五申至于忠峴佛頂大成至于白雲望國之山雲嶽注葉至于祝石之峴四至于佛谷弘福之山南至于道峰三角之山 (中略) 老姑山自三角西迤爲此山由礪峴至于見達高峯長命山有交河郡治(『輿地考』)

⑤-1 分水嶺東次之山曰白冰雙嶺之山南至于箭川水于之山餘波五申至于忠峴佛頂大聖至于白雲望國之山雲岳注葉至于祝石之峴西至于佛谷弘福之山南至于道峰三角之山 (中略) (三角山) 老姑山自三角西迤爲此山由礪峴至見達高峯長命山有交河郡治(『山水考』)

⑤-2 分水嶺－泉山－雙嶺－箭川山－水于山－餘破山－五甲山－忠峴山－佛頂山－大成山－白雲山－望國山－雲岳山－注葉山－祝石峴－佛谷山－弘福山－道峰－三角山－老姑山－礪(山)峴－見達山－高峯山－長命山(『山經表』)

⑥ 洛東正脈

⑥ 太白東次之山曰楡峙東南至于麻邑末欣白屏之山南至于高草劍磨白巖德峴西揖之嶺東南至于龍頭之山西北至于林勿之峴西南至于弁峴周方於火之山西至于普賢之山南東至于鷹峯六峴馬北雲注至于成峴舞鶴之山朱砂四龍至于只火斷石之山雲門迦智至于穿火之峴東南至于鷲棲圓寂之山南至于金井花池嚴光之山迤至沒雲之勝(『輿地考』)

⑥-1 太白東次之山曰楡峙東南至于麻邑末欣白屏之山南至于高草劍磨白巖德峴西泣之嶺東南至于龍頭之山西北至于林勿之峴西南至于弁峴周房於火柳峴之山西至于普賢之山南東至于鷹峯六峴馬北成峴非月只火斷石之山雲門迦智穿火之峴東南至于鷲栖圓寂之山南至于金井花池嚴光之山迤至沒雲之勝(『山水考』)

⑥-2 太白山-楡峙-麻邑山-末欣山-白屏山-高草山-劍磨山-白嶺山-德峴-西揖嶺-龍頭山-林勿峴-竹峴-周方山-於火山-普賢山-鷹峯-六峴-成峴-舞鶴山-朱砂山-四龍山-只火山-斷石山-雲門山-迦智山-穿火峴-鷲栖山-圓寂山-金井山-花池山-嚴光山-沒雲臺(『山經表』)

⑦ 漢南錦北正脈

⑦ 俗離西次之山曰回踰之峙龜峙燕峙至于皮盤之嶺仙到之山北至于巨竹之嶺上岑之山爲上黨之阻東至于粉峙坐龜之山北至于普光鳳鶴之山又西北至于甑山麻谷普賢小俗離望夷之山西爲周傑七賢之山(『輿地考』)

⑦-1 俗離西次之山曰回踰之峙龜峙熊峙踰于皮盤之嶺仙到之山北至于巨大之嶺上嶺之山爲上黨之阻東至于粉峙坐龜之峙北至于普光鳳鶴之山又西北至于甑山麻谷普賢小俗離望爾之山西爲注街七賢之山(『山水考』)

⑦-2 俗離山－回踰峙－龜峙－燕峙－皮盤嶺－仙到山－巨竹嶺－上嶺山－上黨山－粉峙－坐龜山－普光山－鳳鶴山－甑山－麻谷山－普賢山－小俗離山－望夷山－周傑山－七賢山(『山經表』)

⑧ 漢南正脈

⑧ <u>七賢北次之山日白雲九峯之山</u>北至于<u>大小曲頓之峴</u>西南至于<u>聖盍之山</u>又北于<u>水踰負兒寶盖石城之山</u>西南至<u>客望峴</u>西北至<u>光教山</u> (中略) <u>光教山</u>一麓西南至<u>沙斤峴五峰增嶽</u> (中略) 自<u>五峯</u>西北至<u>修理山</u>西有安山郡治自<u>修理</u>西北至<u>五子蘇來星峴</u> (中略) 自<u>星峴</u>西北至<u>朱岸元積鏡明桂陽山</u>南有富平府治自<u>鏡明</u>北至<u>北城山</u>北有金浦郡治自<u>北城</u>西至<u>歌絃藥山</u>西北至<u>文殊山</u>(『輿地考』)

⑧-1 <u>七賢北次之山日白雲九峯之山</u>北至于<u>大小曲頓之峴</u>西南至于<u>聖輪之山</u>又北至于<u>水踰負兒寶盖石城之山</u>西南至于<u>客望峴</u>西北至<u>光教山</u> (中略) <u>光教山</u>一麓西南至<u>沙斤峴五峰</u> (中略) 自<u>五峯</u>西北至<u>修理山</u>西有安山郡治自<u>修理</u>西北至<u>五子蘇來星峴</u> (中略) 自<u>星峴</u>西北至<u>朱岸元積鏡明桂陽山</u>南有富平府治自<u>鏡明</u>北至<u>北城山</u>北有金浦郡治自<u>北城</u>西至<u>歌絃藥山</u>西北至<u>文殊山</u>(『山水考』)

⑧-2 七賢山－白雲山－九峯山－大小曲頓峴－聖倫山－水踰山－負兒山－寶盖山－石城山－客望峴－光教山－沙斤峴－五峰山－修理山－五子山－蘇來山－星峴－朱安山－元積山－鏡明山－北城山－歌絃山－藥山－文殊山(『山經表』)

⑨ 錦北正脈

⑨ <u>七賢西南次之山日靑龍之山</u>西南至于<u>聖居望日之峙</u>南至于<u>月照儀郎之峙</u>西至于<u>車嶺</u>西北至于<u>雙嶺</u>又北至于<u>廣德之山角屹之峙</u>又西至于

140

松嶽納雲之峙南至于車踰之嶺獅子之山西南至于牛山九峯白月星台之山西北至于烏棲寶盖之山月山修德至于伽倻之山聖旺八峰西至于白花知靈之山爲安興之險(『輿地考』)

⑨-1 七賢西南次之山曰靑龍之山西南至于聖居望日之峙南至于月照義郎之峙西至于車嶺西北至于雙嶺西南至于廣德之山角屹之峙又西至于松岳納雲之峙南至于車踰之嶺獅子之山西南至于牛山九峯白月星台之山西北至于烏棲寶盖之山月山修德至于伽倻之山聖旺八峰西至于白華知靈之山爲安興之險(『山水考』)

⑨-2 七賢山－靑龍山－聖居山－望日峙－月照山－義郎峙－車嶺－雙嶺－廣德山－角屹峙－松岳－納雲峙－車踰嶺－獅子山－牛山－九峯山－白月山－星台山－烏栖山－寶盖山－月山－修德山－伽倻山－聖國山－八峰山－白華山－知靈山－安興鎭(『山經表』)

⑩ 錦南湖南正脈

⑩ 長安西次之山曰蘆峙水分之峴西北至于聖跡八公之山又北至于聖壽中臺馬耳之山(『輿地考』)

⑩-1 六十峙西次之山曰靈鷲之山蘆峙水分之峴西南至于聖跡八功之山北至于中臺馬耳之山(『山水考』)

⑩-2 長安山－蘆峙－水分峴－聖跡山－八公山－聖壽山－中臺山－馬耳山(『山經表』)

⑪ 錦南正脈

⑪ 馬耳西北次之山曰積川珠華之山北至于王師屛山炭峴梨峙西北至于大屯兜率黃嶺開泰之山又至于鷄龍之山西至板峙又西南至于望月扶蘇之山釣龍洛花之勝白馬江經其西南(『輿地考』)

⑪-1 馬耳西北次之山曰珠峯之山北至于王師屏山炭峴梨峙西北至于大屯兜率黃嶺開泰之山又至于鷄龍之山西至板峙又西南迤至望月扶蘇之山釣龍洛花之勝白馬江經其西南(『山水考』)

⑪-2 馬耳山－珠峯山－王師峯－屏山－炭峴－梨峙－大屯山－兜率山－黃嶺－開泰山－鷄龍山－板峙－望月山－扶蘇山－釣龍山(『山經表』)

⑫ 湖南正脈

⑫ 馬耳西北次之山曰積川熊峙南至于獅子之山西至于白雲正覺之山鍮峙塞墻至于雲南之山南至于墨方雲注之山西至于屈峙七寶屯月葛峙又南至內藏之山 (中略) 內藏東南次之山曰白巖之山曲道滅峙東至于秋月龍泉之山南爲金城之阻南至于果實玉泉之山西南至于萬德無等之山東南至于景山九峰之山西至于天雲之山南迤至于中條呂帖之山西至于華嶽鳳尾雙溪之山 (中略) 自華嶽南至于龍頭億佛之山東北至于獅子伽倻舟越金華周路金錢之山又北東至于分界之峙曹溪之山又東至于洞裏松峴鷄足兜傘白雲之山與智異對峙於蟾江之南北(『輿地考』)

⑫-1 馬耳西南次之山曰賊川熊峙南至于獅子之山西至于白雲正覺之山鍮峙塞墻至于雲南之山南至于墨方雲住之山西至于屈峙七寶屯月渴峙南至于內藏之山 (中略) 內藏東南次之山曰白巖之山曲道滅峙東至于秋月龍泉之山南爲金城之阻南至于高飛細巖果實玉泉之山西南至于萬德無等之山東南至于景山九峰之山西至于天雲之山南迤至于中條呂帖之山西至于華岳鳳尾雙溪之山 (中略) 自華岳南至于龍頭億佛之山東北至于獅子伽倻舟越金華周路金錢之山又北東至于分界之峙曹溪之山又東至于舟峙松峴鷄足兜傘白雲之山北與智異對峙於蟾江之南北(『山水考』)

142

⑫-2 馬耳山-熊峙-獅子山-白雲山-正覺山-鍮峙-塞墻峙-雲南峙-墨方山-雲住山-屈峙-七寶山-屯月峙-葛峙-內藏山-白巖山-曲道峙-滅峙-秋月峙-龍泉峙-金城山城-果實山-玉泉山-萬德山-無等山-景山-九峰山-天雲山-中條山-呂帖山-華岳山-龍頭山-億佛山-獅子山-伽倻山-舟越山-金華山-路周山-金錢山-分界峙-曹溪峙(山)-洞裏山-松峴-鷄足山-兜傘山-白雲山(『山經表』)

위에서 『여지고』·『산수고』·『산경표』의 山들을 비교해 보았다. 이러한 비교를 통해 1대간 2정간 12정맥의 산줄기가 거의 완벽하게 일치함을 알 수 있다. 이에 대한 자세한 비교와 연구는 후일로 미루지만 『산경표』가 『여지고』와 『산수고』의 지대한 영향을 받아 만들어진 저작임은 확인할 수 있었다.

추측컨대 『산경표』는 『여지고』와 『산수고』 등을 저술한 이후에 마지막으로 모든 지리문헌을 정리하기 위하여 산경을 표로 만들면서 대간과 정간과 정맥의 이름을 최종적으로 붙인 것으로 보인다. 즉 『산경표』란 『택리지』와 『성호사설』의 著述精神 위에 『여지고』의 산천과 『산수고』의 산경을 참조하여 도표로 만든 것으로 보인다.

신경준의 많은 저작 가운데 『여지고』와 『산수고』, 그리고 이것들의 영향을 받은 『산경표』는 최초로 한국의 산과 강을 체계적으로 도표화한 지리서이며, 한국적인 국토 인식방식을 전해 주는 중요한 자료인 것이다.

이상에서 『성호사설』, 『택리지』, 『산수고』, 『산경표』 등과 백두대간의 관련성을 살펴보았다. 이익은 실학시대의 대표적 학자로서 최초로 자신의 저서에 백두대간과 백두정간이라는 용어를 사용하

였다. 뿐만 아니라『성호사설』「천지문」에서 전통지리학의 보고라
할 만한 많은 내용을 남겼으나 체계적인 연구는 아직 이루어지지
않고 있다. 그는 조선시대 최고의 인문지리서라는 극찬을 받는『
택리지』의 저자 이중환에게도 많은 영향을 미친 인물이다.

『택리지』「복거총론」 산수편을 보면 어떤 명확한 인식 아래 서
술한 흔적이 보이는데, 그 체계가 백두대간이든 아니든 분명한 산
줄기 체계를 가지고 한국의 산천을 서술했다고 볼 수 있다. 그 외
에『택리지』에는 백두대맥, 백두남맥, 대간 등의 용어를 사용하였
다.『산경표』의 12정맥의 명칭으로 사용된 청남과 청북도『택리지』
에 등장한다. 따라서『택리지』도 백두대간체계 형성에 많은 영향
을 미쳤다고 추측할 수 있다.

『산경표』는『여지고』와『산수고』의 저술정신에 따라 모든 산의
서열을 정하고 연속된 체계로서의 백두대간체계를 완성했다고 볼
수 있다. 조선의 전통 지리학적 체계의 기준이 완성된 것이다.

성호 이익의『성호사설』(1744년)에도 백두대간이 등장하고, 이
중환이『택리지』를 1751년에 썼고, 신경준의『동국문헌비고』중의
『여지고』가 1770년에 써서 나중에『산경표』[218]의 바탕 자료가 되
었음을 상기할 필요가 있다.

---

218) 전래된『산경표』는 1권 100여 면으로 筆寫本과 活字本이 있다. 筆
寫本으로는 '輿地便覽(乾 - 山經表・坤 - 道理表)'으로 된 것, (精文
本) 海東道理譜 한 권으로 되어 있으나 속제목은 道路表,『산경표』,
道里表를 하나의 책으로 묶은 것 (奎章閣本) 등과 수본이 개인에게
소장되어 있다. 活字本은 '朝鮮光文會'가 1913년 影印本으로 간행하
였다. (道里表도 함께 간행) 위와 같이『산경표』가 道路表와 道里表
와 함께 하나의 책으로 묶여 있다는 점은 路程과 관계된 生活地理
의 基本資料였음을 말하는 것이기도 하다.

V. 고지도에 나타난 백두산과 백두대간

한국 지도의 제작 시기는 삼국시대 이전으로 올라가지만[219] 실제로 남아 있는 것은 주로 조선시대의 지도이다. 고구려와 발해의 멸망 이후, 함경도와 백두산 일대가 우리의 강역으로 다시 회복된 것은 세종대왕대이다.

본 장에서는 백두산과 백두대간을 한민족이 어떻게 인식하고 지도에 표현했는지를 살펴볼 것이다. 그리고 서양의 근대적 지도제작에 영향을 받은 실학시대까지 백두산과 백두대간이 조선시대의 지도에서 어떻게 변천되었는지 검토할 것이다.

① 혼일강리역대국도지도

조선의 건국 초기인 태종대에 混一疆理歷代國都之圖[220]라는 세계지도가 국가의 주관으로 제작되었다. 이 지도는 계속 필사되어 후대에도 많은 영향을 미쳤다. 채색사본으로 크기는 158.5×168.0㎝이다.

이 지도를 보면 중국의 영향을 받아 아프리카까지 그려 넣었지

---

219) 高句麗의 古墳壁畵나 三國史記의 記錄에 의하면 일찍부터 國家的 次元에서 地圖製作이 이루어졌다.

220) 이 지도는 그 당시 全 世界的으로 제작된 지도 중에서 뛰어난 것으로 인정받고 있다. 地圖上에 中東과 아프리카가 표현되어 있어 東西間의 文物交流를 추정할 수 있는 훌륭한 지도이다.

만 압록강, 두만강 그리고 만주지방은 비교적 간단하게 처리되었고 백두산은 제대로 표시도 되어 있지 않다.

이 지도의 가장 큰 특징의 하나는 세계지도이지만 중국과 조선을 크게 그리고 세계의 다른 곳은 많이 축소되어 있다. 그리고 중국과 조선을 비교해도 중국보다 조선을 크게 그렸음을 알 수 있다. 함경도를 제외한 해안선의 흐름이 매우 사실적이다. 또 백두대간의 산맥을 강조한 것은 기본적으로 고려시대 이래의 풍수지리적 작도법을 계승한 것이다.[221]

이 지도에는 청천강 이남 지역의 강과 산맥이 잘 드러나 있다. 혼일강리역대국도지도의 원본은 1402년경에 만들어진 것으로 추정되며, 여러 번 필사되어 제작 50년 후에 필사된 지도가 日本 龍谷大에 소장되어 있다.[222]

한영우는 『우리 옛 지도와 그 아름다움』에서 "이 지도에 백두산이라는 표기만 있을 뿐 산 모습이 그려져 있지 않은 것은 하나의 의문점이다. 아마 일본인이 필사하는 과정에 백두산 모습을 누락시킨 것이 아닌가 추측된다."고 하였다.[223]

---

221) 한영우 외(1999), 『우리 옛 지도와 그 아름다움』, 서울, 효형출판, p.29.
222) 文化·歷史地理學을 전공하고 韓國 古地圖 연구에 헌신한 故 이찬 교수의 견해임.
223) 한영우 외(1999), 『우리 옛 지도와 그 아름다움』, 서울, 효형출판, p.29.

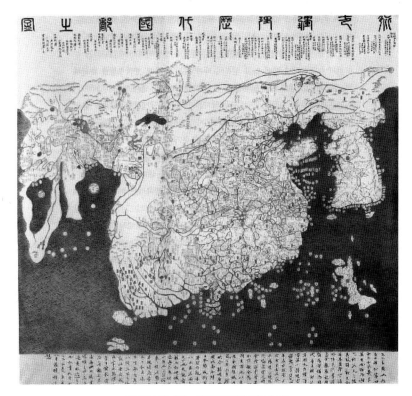

〈지도 1〉混一疆理歷代國都之圖

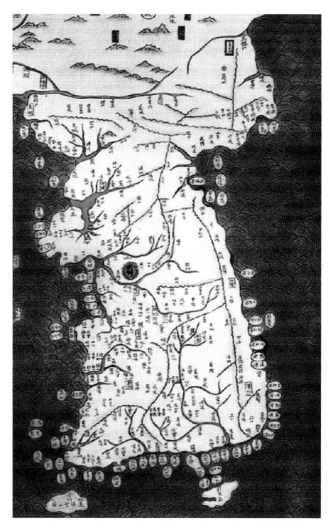

〈지도 2〉混一疆理歷代國都之圖의 한국 부분도

② 혼일역대국도강리지도

백두산과 백두대간이 뚜렷하고 우리나라는 실제보다 크게 나타나 있다. 백두산의 북쪽이 몽고 쪽과 연결되지 않았고 정간이나 정맥은 간략하다. 혼일강리역대국도지도와 달리 아프리카와 유럽은 생략되어 있고 백두산이 강조되어 있으며 백두대간이 뚜렷하고 정맥도 몇 개가 보인다.

혼일역대국도강리지도는 채색사본으로 16세기 중기의 작품으로 추정되며, 크기는 178.0×198.5㎝이고 인촌기념관에 소장되어 있다.

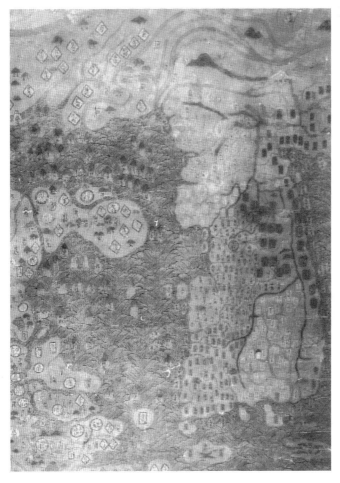

〈지도 3〉 混一歷代國都疆理之圖 한국 부분도

③ 조선방역지도

조선방역지도는 국보 제248호로서, 크기는 132.0×61.0㎝이며 비단에 그려진 지도이다. 연대는 1557년경이며 정척과 양성지의 동국지도(1463)를 원본으로 필사된 한국 전도이다.

지도의 내용은 압록강과 두만강을 제외하면 하천과 산맥이 매우 정확하며 압록강과 두만강도 이회의 팔도도에 비교하여 많은 진전을 보이고 있다. 이회의 팔도도에서는 두만강이 하류에서 남쪽으로 구부러져 물길이 남쪽을 향하는 것을 모르고 있었으나, 이 지도에서는 정확하게 나타나고 있다. 또 해안선과 산계, 수계의 표현이 현대지도와 가깝다.

조선방역지도는 또한 8도 주현의 이름을 써 넣고, 8도의 주현을 5방색으로 채색하였다. 5방색은 우리나라 지도의 고유한 특징인 風水地理 思想을 담은 것이다.[224]

이 지도는 만주와 한반도 그리고 대마도를 함께 그렸는데, 이는 우리나라의 크기가 만 리에 달한다는 양성지의 국토관과 일맥상통하는 점이다.[225]

조선방역지도의 역사적 가치는 여러 측면에서 볼 수 있다. 이 지도는 조선 전기에 제작된 지도 중에서 유일하게 현재 존재하는 원본 지도이다. 제작 연대가 명종 12년(1557년)으로 밝혀져서 다른 지도와 비교할 때 기준이 될 수 있다. 또 정척과 양성지가 제작한 동국지도의 원형을 어느 정도 짐작 가능하게 하고 산계와 수계로 구분하여 간략화한 아래 지도를 보면 알 수 있듯이 산천의 형세를 파악하여 지도로 옮긴 것이 상당한 수준에 이르렀다.

---

224) 한영우 외(1999),『우리 옛 지도와 그 아름다움』, 서울, 효형출판, p.35.
225)『世祖實錄』卷一, 元年 七月 戊寅: "吾東方世居遼水之東 號爲萬里之
國……."

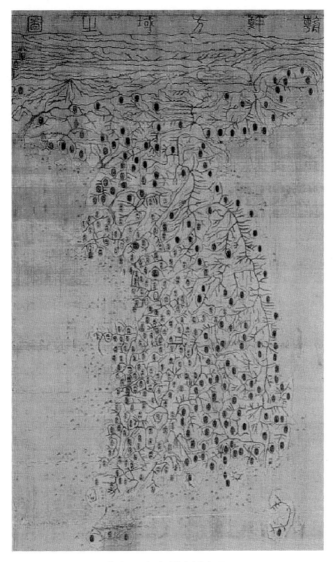

〈지도 4〉朝鮮方域之圖

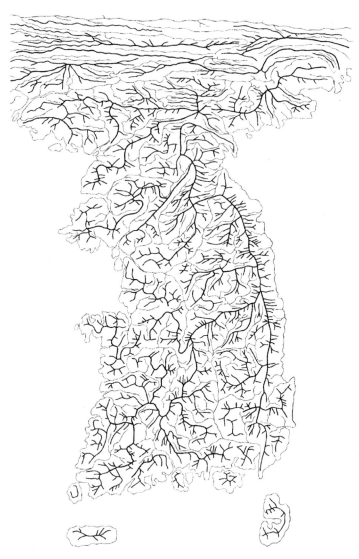

〈지도 5〉 이우형이 간략화한 朝鮮方域之圖의 산천형세도

간략화한 조선방역지도는 1557년에 만든 지도라고는 보기 힘들 정도로 자세하고 정교한 지도이다. 『산경표』의 대간, 정간, 정맥은 물론 이름을 붙이지 않은 많은 지맥을 볼 수 있다. 산계와 수계로 간략하게 그린 위의 산천형세도를 보면 산수를 연관된 하나의 체계로 이해했던 조선 사람들의 지혜를 엿볼 수 있다.

④ 조선팔도지도

조선방역지도와 더불어 동국지도의 전통을 잘 이은 것이 조선팔도지도인데, 16세기 이전 지도로 알려져 있다. 북부지방이 왜곡되어 있으나 남쪽으로 올수록 산계와 수계가 잘 드러나고 있고 다른 조선팔도지도에 비해 대마도는 작게 그려져 있다. 이는 대마도의 한반도 귀속을 의식적으로 부인하려는 의도를 가진 이에 의해 고쳐진 것으로 보인다. 전통적으로 우리 지도는 대마도를 제주도와 더불어 백두대간에서 갈라진 두 다리의 하나로 보아 이를 강조해서 그린 것이 특징이다.226)

---

226) 한영우 외(1999), 『우리 옛 지도와 그 아름다움』, 서울, 효형출판, p.37.

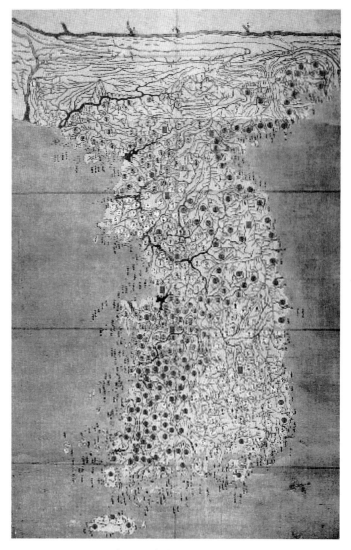

〈지도 6〉 朝鮮八道地圖

⑤ 『동국여지승람』의 팔도총도

성종대에 편찬되고 중종대에 증보된 『동국여지승람』은 지리지와 지도를 합한 책이다. 여기에 실린 八道總圖와 8도의 道別圖는 東覽圖로 약칭된다. 지도의 모양이 전체적으로 위아래, 즉 남북방향이 줄어들었고 각 도명과 산, 강이 간단히 나타나 있다. 백두산의 이미지는 뚜렷하나 대간의 줄기는 생략되고 큰 산의 위치만 보인다. 이것은 정보의 유출을 염려하여 의도적으로 상세한 내용을 다루지 않은 것이다.

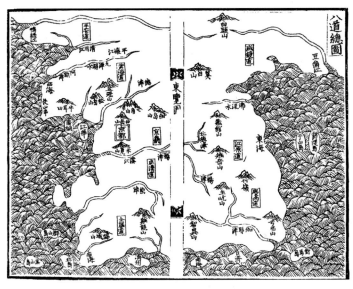

〈지도 7〉東覽圖中 八道總圖

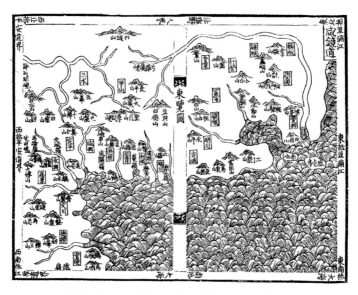

〈지도 8〉 東覽圖中 八道總圖-咸鏡道 地圖

함경도 지도는 조선시대 거의 모든 지도가 그렇듯이 백두산이 위엄 있게 그려져 있다.

⑥ 여지도

조선 전기에 제작된 세계지도로서 프랑스 국립도서관에 소장되어 있다. 여지도는 1594년 명나라에서 만든 王泮識輿地圖를 참고하여 다시 제작한 것이다. 왕반지여지도는 『대명일통지』를 참조하여 한국, 일본 부분을 수정 보완한 것으로 전통적인 5방색을 이용하여 표현하였다. 일본지역 부분이 그전 지도보다 개선되었지만 한국에 비해 작게 그리는 관례는 바뀌지 않았다.

여지도에 그려진 한반도 부분은 국토의 윤곽이나 오방색에 있어서 조선 전기에 제작된 역대지도, 강리지도, 정척과 양성지의 동국지도, 조선방역지도 등에 비하여 크게 달라진 것은 없다. 그러나

백두산이 크게 강조되고 백두대간이 뚜렷하게 그려진 것이 매우 인상적이다.227)

〈지도 9〉 輿地圖

⑦ 조선전도

이찬 소장의 지도로 알려져 있고 1631~1632년에 만들어진 것으

---

227) 한영우 외(1999), 『우리 옛 지도와 그 아름다움』, 서울, 효형출판, p.53.

로 추정된다. 그전의 지도에는 없던 산들을 그려 넣었고 압록강 너머의 산도 일부 그려 넣었다. 북부지방의 왜곡은 해결되지 않았지만 백두산의 모습이 웅장하고 크게 보인다. 이전의 지도에 비해 대마도가 작게 그려지고 울릉도와 독도를 표시하면서 본격적으로 연안의 큰 섬들을 집어넣었다. 목판 채색본으로 크기는 106.0×68.0㎝이다.

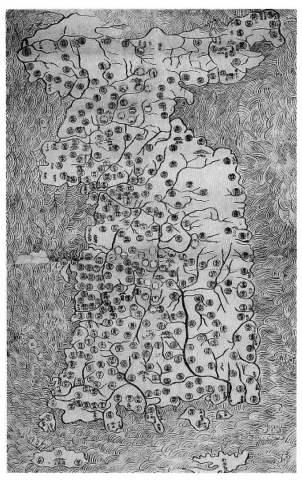

〈지도 10〉 朝鮮全圖

⑧ 해동팔도봉화산악지도

이 지도는 이전의 어느 지도보다도 색감을 중시해 한 폭의 그림을 보는 것처럼 아름다운 지도이다. 많은 산봉우리에 봉화가 촛불처럼 그려져 있는데, 특히 압록강, 두만강의 국경 지대에 밀집되어 있다. 州縣邑治·道路, 산천과 대소산맥·준령·성곽·역참·봉수대 등을 그려 넣어 봉수의 직간선을 한 번에 쉽게 알아볼 수 있다. 봉수대의 체계 때문에 백두대간이 보다 뚜렷하게 표시되어 있고 수계도 잘 나타나 있다. 만주지방과 대마도도 표시되어 있고 백두산은 크고 뚜렷하며 흰색으로 칠해져 있다. 채색사본으로 연대는 17세기 후기로 추정되며, 크기는 218.0×149.0㎝로 고려대학교 도서관에 소장되어 있다.

〈지도 11〉海東八道烽火山岳地圖

⑨ 조선전도

한반도의 북부지방이 심하게 왜곡되고 해안선의 왜곡도 심하지
만 백두대간의 모습과 수계 그리고 고을 명칭이 뚜렷하게 나타나
있다. 대마도도 나와 있고 일본은 울릉도 크기로 작게 그려져 있으
며 백두산은 조종산의 형태로 뚜렷이 나와 있다. 성호 이익 선생이

백두대간을 언급한 지 백 년 후쯤의 지도로서 백두대간이 조선 사람들의 인식 속에 각인된 형태로 지도화된 것으로 보인다. 목판본이고 연대는 18세기 초기로 추정되며 크기는 50.0×33.0㎝이다.

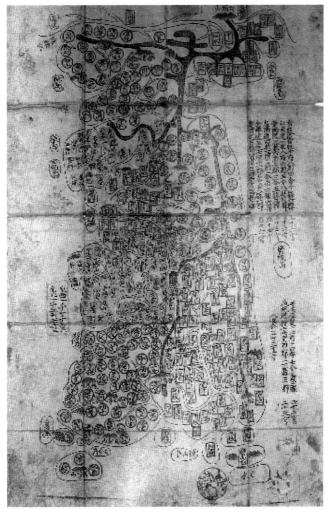

〈지도 12〉 朝鮮全圖

⑩ 동국여지지도

조선 후기의 선비 화가였던 공재 윤두서(1688~1715)가 숙종 36년(1710)에 그린 조선 지도이다. 이 지도는 종이 위에 채색하여 그린 것으로 크기는 가로 72.5㎝, 세로 112㎝이다.

강줄기와 산맥의 표시를 대부분 정확하고 섬세하게 표현하였고, 주변도서를 자세히 그렸으며 섬과 육지의 연결수로까지 표시하였다. 김정호의 대동여지도보다 약 150년 정도 앞서 제작된 것으로 매우 섬세하고 사실적이다. 채색이 매우 아름다우며 윤두서의 실학자적인 면을 엿볼 수 있는 귀중한 자료이다.

조선 전기 지도제작의 성과가 담겨진 것으로 평가되는 지도로써 압록강과 두만강 북쪽이 약간씩 표현되어 있다.

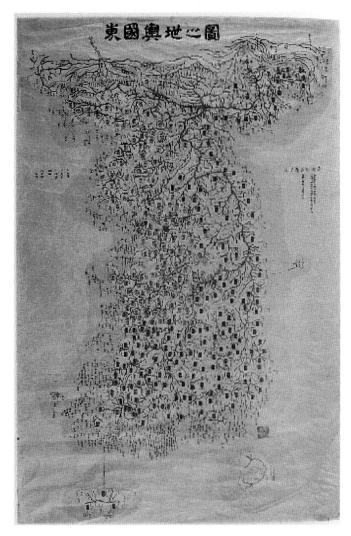

〈지도 13〉 東國輿地之圖

⑪ 요계관방도

관방도228) 중 자세한 편에 속하는 지도로 숙종 31년(1705년)에
좌참찬 이이명이 만든 지도로 크기는 139.9×635.0㎝이다. 이이명

이 청나라 성경지의 오라지방도와 조선의 항해공로도 그리고 서북
강해변계도 등을 합성하여 제작한 것으로 요동지방에서 북경 근처
의 薊지역에 이르는 城柵과 長城 등을 세밀히 그린 關防地圖이다.

지도를 자세히 보면 백두산은 민족의 구심점답게 크고 뚜렷한
흰색으로 칠해져 있다. 백두산에서 내려오는 백두대간이 분명하게
보이며 백두산과 연결된 만주의 산줄기도 뚜렷이 보인다.

〈지도 14〉 遼薊關防圖의 部分圖

---

228) 관방지도는 군사적인 목적에 의해 군사시설, 군사적 요충지를 그린
지도이다. 외적의 침입으로부터 국토를 수호하는 것은 다른 어떠한
사안보다도 중요한 일이었다. 이를 위해 지형지세를 파악하고 적절
한 장소에 군사시설을 마련하게 되는데 이 과정에서 지도가 필수적
으로 이용되었다.

⑫ 여지도 中의 천하지도

여지도라 불리는 지도집 중의 천하지도로 Giulio Aleni의 만국
전도(1623년)를 1770년에 필사한 지도이다. 중국 중심의 세계관에
서 벗어나 전 세계를 균형 있게 그린 것으로 태평양이 지도의 중
심에 그려져 있다. 밑의 부분도를 살펴보면 조선이라는 국명이 나
오고 다른 것은 모두 생략하였으나 백두산만은 뚜렷이 그려 넣었
다. 세계지도 속에 국가를 대표하는 것으로 백두산을 그려 넣은
것은 그것이 조선을 상징한다는 인식이 바탕에 깔려 있는 것으로
볼 수 있다.

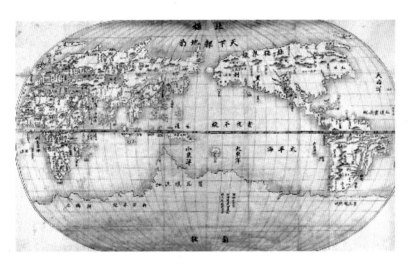

〈지도 15〉 輿地圖 중의 天下地圖

〈지도 16〉 輿地圖 중의 天下地圖 - 아시아 部分圖

⑬ 해동지도 중의 대동총도

18세기 중반의 지도로 우측에 동서와 남북의 거리, 행정구역의 기본 단위 등이 적혀 있고 방위를 표시하는 자오묘유[北南東西]가 흰색 원 안에 뚜렷이 그려져 있다. 그리고 간혹 끊어진 부분도 있지만 백두대간과 기타 산줄기가 뚜렷하게 나타난다.229)

---

229) 한반도를 그리면서 백두산을 크게 강조해서 그리고 백두대간을 굵게 그려서 강조한 것, 제주도와 대마도를 좌우에 나란히 그린 것이 이러한 시각과 관련이 있다.
한영우 외(1999), 『우리 옛 지도와 그 아름다움』, 서울, 효형출판, p.89.

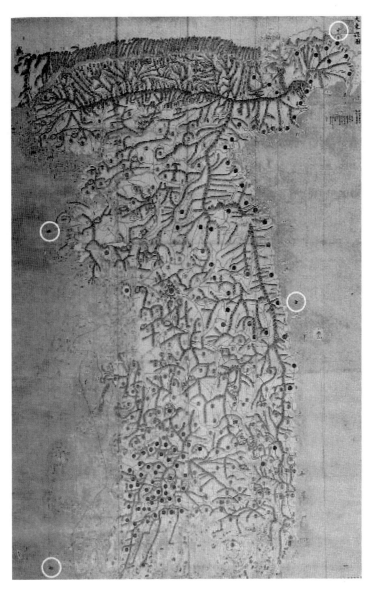

〈지도 17〉海東地圖 중의 大東摠圖

⑭ 동국대전도

정상기의 동국대지도를 모사한 것으로 추정되는 1757년에 그려진 지도이다.

산맥의 표현은 백두산을 기점으로 남쪽으로 뻗어 내린 백두대간을 크게 강조하고, 여기서 뻗어 나간 주요 산맥들을 역시 강조함으로써 국토를 인체로 인식하는 전통적 지리관이 그대로 반영되어 있다.230)

---

230) 한영우 외(1999), 『우리 옛 지도와 그 아름다움』, 서울, 효형출판, pp.79 - 81.

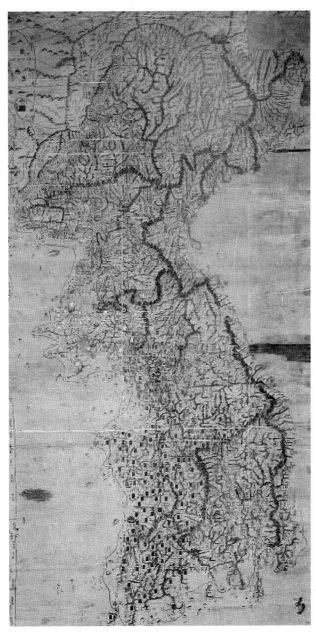

〈지도 18〉 東國大全圖

⑮ 서북피아양계만리일람지도

서북피아양계만리일람지도는 말 그대로 서북의 우리나라와 타국과의 경계지역을 그린 18세기 중기의 지도인데 저작자가 아직 누구인지 명확히 밝혀지지는 않고 있다. 서북은 조선의 서북변경이라 흔히 일컬어진다.

이와 같은 지도는 김정호의 청구도(대동여지도의 전 지도), 요소관방지도, 서북양계지도 등이 있지만 일제에 의해서 산천지명과 고을지명은 가필된 것으로 보인다. 왜냐하면 아래의 지도에서도 확연히 들어나는 옛 장성의 위치 때문이다. 이 장성은 고려시대의 장성에 축성을 더한 것으로 판명 났는데 현재 한반도에는 천 리에 이르는 장성이 없다. 하지만 아래의 지도에서 장성은 만주대륙을 서에서 동북으로 횡단하고 있다.

그리고 특기할 만한 것은 윤관 9성의 선춘령비가 두만강 북쪽에 그려져 있는 사실이다.

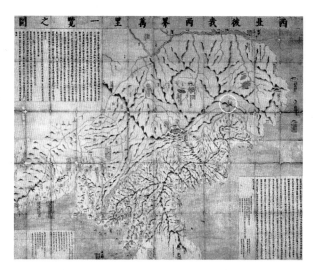

〈지도 19〉西北彼我兩界萬里一覽之圖

⑯ 여지도 중의 아국총도

정상기의 동국지도와 유사한 지도로 한반도의 윤곽이 오늘날의 지도와 비교적 흡사해 보이고 대동여지도와도 많이 닮았다. 특기할 만한 것은 연안의 400여 개의 섬을 그려 넣은 것과 백두산에서 시작된 백두대간과 기타 산줄기와 물줄기를 뚜렷하게 그린 점이다.

〈지도 20〉輿地圖 중의 我國摠圖

⑰ 여지도 중의 조선·일본·유구국도

『산경표』와 거의 동시대의 지도이며 백두대간체계를 가장 뚜렷하게 보여 주는 지도의 하나이다. 장백정간과 낙남정간의 모습도 분명하며 다른 지도에서는 거의 나타나지 않던 금북정맥도 비교적 뚜렷하게 그려져 있다.

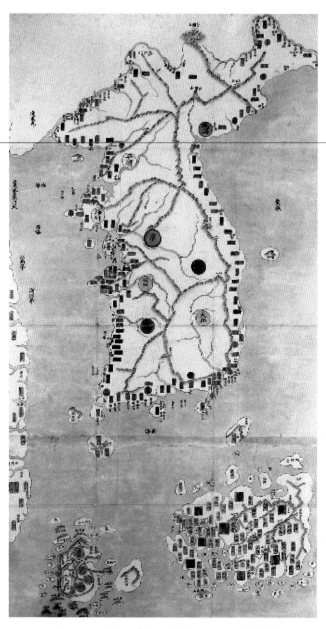

〈지도 21〉興地圖 중의 朝鮮·日本·琉球國圖

⑱ 백두산정계비도

백두산의 연봉들이 자세하게 묘사되어 그려져 있고 압록강, 두
만강, 분계강, 흑룡강의 강줄기가 시작되는 지점이 자세히 묘사되
어 있다. 천지의 둘레가 표시되어 있고 천지 밑에 백두산정계비가
그려져 있다.

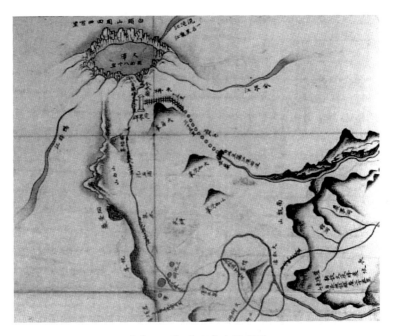

〈지도 22〉 白頭山定界碑圖

⑲ 여지도 중의 함경도

백두산과 천지 그리고 여기에서 뻗어 내려오는 백두대간이 뚜렷
하게 나타난 지도이다. 그 외에 도로나 지방명도 나오고 해안의
섬들도 그려져 있다. 특기할 점은 『택리지』의 산수편에서 언급한
"대간은 끊어지지 않고 골짜기가 옆으로 뻗으며, 남쪽으로 수천

리를 내려가면서"라는 설명을 구체적으로 보여 주고 있다. 즉 백
두대간이 지나가면서 옆으로 뻗은 지맥들 때문에 자연스럽게 골짜
기가 형성되어 있는 것이 한눈에 들어온다.

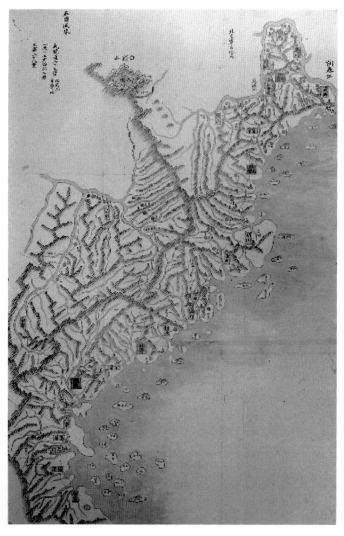

〈지도 23〉 輿地圖 중의 咸鏡道

⑳ 해좌전도

19세기 중반에 제작된 것으로 보이는 대표적인 조선전도이다. 해좌전도라는 명칭은 중국에서 보면 바다의 동쪽을 의미하므로 조선을 가리킨다. 지도 전문가 오상학의 표현을 빌리면 "지도의 윤곽과 내용은 정상기의 동국지도와 유사하며 산계와 수계, 자세한 교통로 등이 동일한 수법으로 그려져 있다."231)

---

231) 오상학(2005), 고지도, 서울, 통천문화사, p.48.

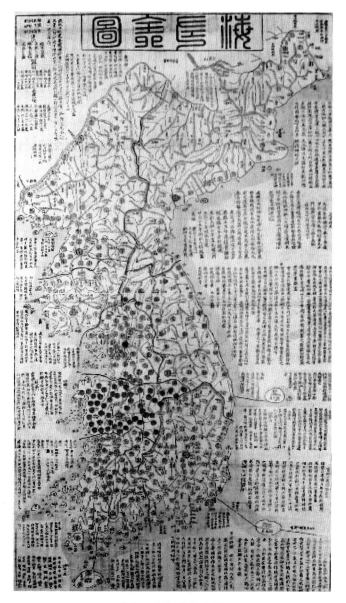

〈지도 24〉 海左全圖

㉑ 중국도(천하도)

천하도의 일부인 중국도로서 채색이 매우 훌륭한 지도이다. 중국의 大江河와 大幹의 체계가 나름대로 분명하게 그려져 있다. 조선은 매우 소략하게 그려졌는데, 백두산과 이어진 백두대간의 일부가 분명하게 그려져 있다.

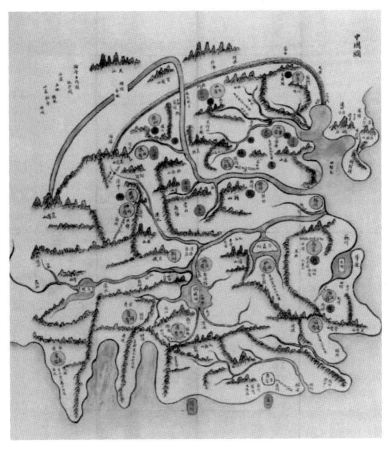

〈지도 25〉 中國圖(天下圖)

㉒ 천하산천맥락도

중국의 대간체계인 삼조설을 뒷받침하는 지도이다. 지도상의 표기로 북조대간, 중조대간, 남조대간, 북조소간, 중조소간, 남조소간이 분명하게 그려져 있다. 『산경표』의 산수체계가 대간, 정간, 정맥의 3단계임에 비하여, 이 지도는 중국의 산수체계가 大幹과 小幹의 2단계 위계체계로 되어 있음을 보여 주고 있다. 백두산을 비롯해서 많은 산줄기가 보이고 각 도의 명칭이 씌어 있다. 조선이 상대적으로 큰 것으로 보아 중국에서 입수한 중국지도와 합성하여 만든 지도로 추정된다. 이 지도에 대한 양보경과 오상학의 설명을 살펴보면 다음과 같다.

산천의 맥락을 위주로 그렸기 때문에 산계를 다른 중국지도와 달리 녹색의 연맥으로 그렸다. 이 같은 산계와 수계의 어울림은 중국보다는 우리나라 지도제작의 전통을 반영하는 것이기도 하다. (중략) 곤륜산에서 출발하여 고비사막, 요동을 거쳐 백두산에 이르는 산맥이 북조대간인데 하천을 가르지 않고 백두산까지 이어지고 있다. 이러한 산계와 더불어 수계도 비교적 상세하게 그려져 있다. 특히 星宿河에서 발원하는 황하는 황색으로 강조하여 표현하였다.232)

---

232) 영남대박물관(1998), 『한국의 옛지도』(도판편), 도판해설 양보경 ·
    오상학, 경산, 영남대박물관.

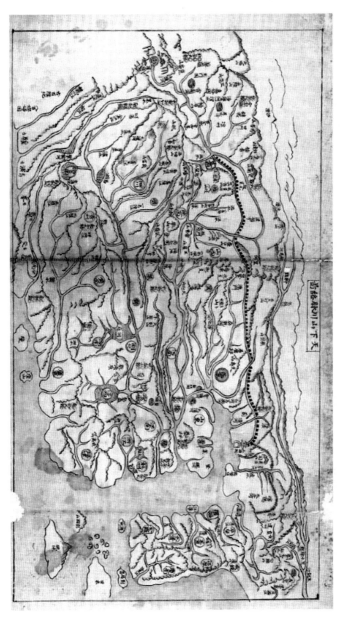

〈지도 26〉天下山川脈絡圖

㉓ 전통적인 산천 인식체계

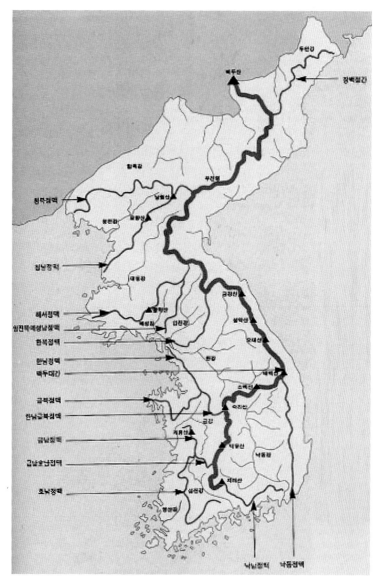

〈지도 27〉 전통적인 산천 인식체계

우리의 조상들은 전통적으로 국토를 생명체인 인간의 모습에 비유해 왔다. 중국을 향해 바라보는 인간의 형상으로 백두산 쪽이 머리, 그 아래 지역이 몸통, 그리고 제주도와 대마도는 양발이 된다. 이에 따라 백두산에서 뻗어 내린 산줄기는 근골이 되고, 그 사이를 흐르는 강줄기는 혈맥이 된다. 근골과 혈맥이 분리되어 존재할 수 없듯이 산줄기와 강줄기도 분리되지 않고 통일적으로 파악하고자 했던 것이 바로 산수분합의 원리인 것이다. 이러한 원리를 토대로 강줄기의 흐름에 기초하여 산줄기를 대간과 정맥으로 나누어 파악하였는데 왼쪽에 지도는 『산경표』에 수록된 산줄기 체계를 표시한 것이다.[233]

---

233) 오상학(2005), 『고지도』국립중앙박물관, 서울, 통천문화사 p.43에서 글과 그림 전재.

㉔ 조선시대 4대 지도의 지형 표현 비교

■1400년대 권근의 지도
혼일강리역대국도지도, 1402년, 158.5 × 168.0cm

■1500년대 양성지의 지도
조선방역지도, 1575년, 132 × 61cm

■1750년대 정상기의 지도
조선전도, 1757년, 271 × 139cm

■1850년대 김정호의 지도
대동여지도, 1861년, 660 × 380cm

한영우 외(1999), 『우리 옛 지도와 그 아름다움』, 서울, 효
형출판, p.124에서 전재함.

〈지도 28〉 조선시대 4대 지도의 지형 표현 비교

이상에서 고지도에 나타난 백두대간의 모습과 고지도에 투영된 조선 사람들의 산천 인식체계를 살펴보았다. 백두산 지역이 완전히 회복된 세종대 이후의 지도에서 백두산과 백두대간의 온전한 모습을 파악할 수 있으며, 김정호의 대동여지도 이전에도 국토를 이해하고 활용하기 위해서 정밀하고 다양한 지도가 만들어진 것을 알 수 있다. 이 중에서도 간략하지만 21번인 「여지도 중의 조선·일본·유구국도」는 『산경표』에 근거한 백두대간의 모습을 가장 잘 나타내고 있다.

VI. 결 론

한국은 오랜 역사와 문화전통을 가지고 있으나, 단절의 한 시기로 인해 '진정한 우리 고유의 것'을 이어받지 못한 아쉬움이 있다. 그럼에도 불구하고 삼국시대 이후, 내외의 변화로 인한 우리 강역의 분할과 변천이 『山經表』의 大幹, 正幹, 正脈들과 무관하지 않음을 알 수 있으며, 역사지리 전반에 걸쳐 근본적인 함의를 갖고 있다고 판단된다.

조선시대의 山經, 즉 산줄기의 개념은 어느 한 연구자에 의한 것이 아니라 이 땅의 주인공들이 더불어 터득하고 얻어 낸 생활의 산지식으로 지극히 인간주의적 지리인식이었다. 본서에서는 이러한 한국인들의 공간적인 삶과 그에 따른 인식을 시간적인 잣대로 분석해 보려고 시도하였다.

한국인들은 산을 물줄기처럼 끊이지 않는 脈으로 보았다. 산과 강이 공존하여 산은 물을 낳고 물은 산을 가르지 않는다고 여겼다. 이것은 우리의 모든 산이 그 고저를 가리지 않고 나무의 가지와 줄기처럼 白頭山으로 이어진다는 전체적인 國土認識을 뜻한다. 『성호사설』의 이익과 『택리지』의 이중환, 『여지고』와 『산수고』의 신경준, 대동여지도의 김정호 등이 여기에 기초하여 지리서를 쓰고 지도를 만들었다.

白頭大幹이라는 용어가 조선시대에 쓰이기에 앞서 白頭山은 한국 특유의 정서적, 민족적 구심점이자 文化象徵이었다. 이런 백두산을 중심으로 山系와 水系를 파악하고 지리적인 측면을 염두에 둔 지도의 제작과 地誌의 편찬은 조선시대 내내 계속 이어져 온 국가적 사업이기도 했다. 오늘날도 환경부, 산림청, 기타 많은 정부 관련 단체에서 백두대간의 개념위에 환경과 지속 가능한 발전이라는 두 가지를 목표로 분투하고 있다.

이러한 배경을 염두에 두고 백두대간에 대하여 역사지리학적으로 분석한 내용을 요약하면 다음과 같다.

먼저 역사문헌 속에 나타나는 백두산과 백두대간의 명칭의 유래와 역사를 살펴보았다. 특히, 갑골문 연구를 통해서 백산과 장백산으로 불리었던 백두산의 의미가 일반적으로 알려진 것과 같이 흰산이라는 의미가 아니라, 산 중에 가장 우두머리 산이라는 것을 밝혔다.

백두산에 대해 기술한 최초의 한국문헌이 『고려사』의 도선대사였다고 알려져 왔는데, 연구 결과, 『삼국유사』에서 그보다 100년 이상 앞선 신라 성덕왕대의 승려 보천이었다고 확인되었다. 한민족은 적어도 삼국시대 이래 백두산을 신성시하고 제사도 지내며 國土의 祖宗山으로 숭배해 왔음을 알 수 있었다.

지금도 한국인들의 백두산에 대한 특별한 감정은 백두산과 다른 산을 구별하는 기준이 될 정도이다. 백두산과 백두대간은 우리민족의 100대 민족문화상징 중에서 수위에 오를 만큼 역사적으로 한민족과 고락을 같이하며 민족의 구심점 역할을 해 왔다. 이러한 사실은, 백두산과 백두대간은 그냥 단순한 바위와 흙으로 이루어진 자연지리적인 지형만을 의미하는 것이 아니라, 신성한 존재이며 인문지리적인 문화자산이라는 것이다.

그리고 백두대간체계의 근간인 大幹, 正幹, 正脈의 중국과 한국의 사용 예를 살펴보았다. 대간의 최초 출전은 『상서』 우공편 도산도수장을 체계적으로 해석하는 과정에서 나온 三條四列說이었다. 중국에서는 한대 금고문 논쟁 이후 이천 년 동안 중국 산수체계를 둘러싼 논쟁이 끊임없이 이어져 왔으며, 이를 통해 중국 전통지리학이 형성되어 왔다.

한국 전통지리학은 중국에서 체계 없이 사용하였던 대간, 정간, 정맥의 개념들을 받아들여 이를 창조적으로 소화하였다. 실학시기 이후 이익의 『성호사설』을 필두로 이중환의 『택리지』를 거쳐, 신경준의 『여지고』와 『산수고』로 발전되었고 이를 토대로 『산경표』에서 위의 세 개념을 위계적인 山水體系로 완성하였다.

『산경표』에서 족보 형태로 정리된 이 용어들 중, 정간 대간을 사용한 다른 문헌도 확인되었다. 17세기 이후 예송논쟁을 하는 과정에서 탄옹 권시는 조선의 왕통계승 계보(국가계통도)를 정리하면서 정간과 대간을 위계적인 개념으로 사용하였다. 이를 근거로 성호 이익이 『성호사설』에서 白頭正幹과 白頭大幹을 왜 병기했는지 그 이유를 찾을 수 있게 되었다.

그리고 대간과 정간은 크고 바른 줄기란 뜻으로 중국의 문헌을 검토해 보면, 중국에서는 원래 산과 물에 같은 의미로 사용되었다. 산줄기와 물줄기를 서로 연관된 하나의 체계로 인식한 것이었다. 이 개념의 확인을 위해 중국과 한국의 자료들을 분석한 결과 대간과 정간은 중국과 한국에서 공히 산줄기와 물줄기를 상호 통합한 전통지리학의 산수체계로 인식하고 사용하여 왔음을 확인할 수 있었다.

그리고 『성호사설』, 『택리지』, 『산수고』, 『산경표』 등과 백두대 간의 관련성을 자세히 연구해 보았는데, 이익은 실학시대의 학자 로서 최초로 『성호사설』에서 백두대간과 백두정간이라는 용어를 사용하였음을 확인할 수 있었다.

이중환은 『택리지』, 「복거총론」 산수편에서 백두대간을 인식하 고 서술한 것으로 볼 수 있다. 그 외에 『택리지』에는 백두대맥, 백두남맥, 대간 등의 용어도 사용하였다. 『산경표』의 12정맥의 명 칭으로 사용된 청남과 청북도 『택리지』에 등장한다. 따라서 『택리 지』도 백두대간 구성에 참고 서적으로 사용되었다고 하겠다.

『산경표』에서는 『여지고』와 『산수고』의 저술정신에 따라 모든 산의 서열을 정하고 연속된 체계로서의 白頭大幹體系를 완성했다 고 볼 수 있다. 조선의 전통지리학적 체계의 기준을 완성한 것이 다. 다시 말하여 이익의 『성호사설』(1744년)에 백두대간이 등장하 고, 이중환은 『택리지』를 1751년에 썼으며, 신경준의 『동국문헌비 고』 중의 『여지고』가 1770년에 씌어 나중에 『산경표』의 바탕 자 료가 되었음을 확인하였다.

그리고 고지도에 나타난 백두대간의 모습과 고지도에 투영된 조 선시대의 산천 인식체계를 살펴보았는데, 조선 초기의 백두대간은 하나의 줄기로 이어진 전체적인 체계는 아니었음을 확인할 수 있 었다. 또한 정맥은 많이 생략되고 끊어진 부분도 있음을 알 수 있 었다. 그러나 조선 중기를 거치면서 북방에 대한 자료와 정보가 축적되고 국토에 대한 인식이 분명해지며 白頭大幹體系가 지도에 확실히 투영되면서 현대지도에 근접하는 정밀한 지도들이 나타난 다. 그 결과로 김정호의 대동여지도에 이르러 백두대간에 대한 이 해는 깊어지고 조종산으로서의 백두산이 뚜렷이 지도에 나타난다.

우리 땅은 우리의 歷史와 文化를 창조한 모태이다. 그 모든 크고 작은 산과 개천, 길고 짧은 산줄기와 물줄기는 우리를 낳고, 살게 하고, 쉬게 하는 곳으로서 그 원초적 알맹이인 산과 물의 공존을 내재한 산수체계인 것이다. 우리 땅에 대한 이러한 인식의 재발견은 곧 미래를 창조하는 뿌리로서 이 시대에 정착되어 나아가야 할 것이라고 생각한다. 그리고 새롭게 확인된 韓國의 山水體系에 대한 인식이 제대로 반영되는 것이 바람직하다고 사료된다.

|참고문헌|

【原典類】

[漢] 司馬遷(1959), 『史記』, 北京, 中華書局.

[漢] 班固(1962), 『漢書』, 北京, 中華書局.

[北齊] 魏收 撰(1974), 『魏書』 第6册, 北京, 中華書局.

[唐] 房玄齡 等 撰(1974), 『晉書』 第8册, 北京, 中華書局.

[唐] 魏徵等 撰(1974), 『隋書』 第6册, 北京, 中華書局.

[唐] 李延壽 撰(1974), 『北史』 第10册, 北京, 中華書局.

[唐] 杜佑 撰(1988), 王文錦等點校, 『通典』 第5册, 北京, 中華書局.

[宋] 歐陽修, 宋祈 撰(1975), 『新唐書』 第20册, 北京, 中華書局.

[宋] 葉隆禮 撰, 國學文庫 第3編, 『契丹國志』 中華民國22年(1932).

[宋] 馬端臨 撰(1999), 『文獻通考』, 上册, 下册, 中華書局.

[宋] 王應麟 撰(1977), 『玉海 (合璧本)』 第1册, 京都, 中文出版社.

[元] 脫脫 等 撰(1974), 『遼史』 第2册, 北京, 中華書局.

[元] 脫脫 等 撰(1975), 『金史』 第8册, 北京, 中華書局.

[明] 宋濂 撰(1976), 『元史』 第15册, 北京, 中華書局.

趙爾巽 等 撰(1977), 『淸史稿』 第48册, 北京, 中華書局.

『文淵閣四庫全書』 電子版(1999), 上海人民出版社.

陳夢雷 集成原編, 楊家駱 類編主編(1977), 『古今圖書集成』, 臺北, 鼎
     文書局.

正祖(2000), 韓國文集叢刊 263, 『弘齋全書』Ⅱ, 서울, 民族文化推進會.

顧詰剛·劉起釪(2005), 『尙書校釋譯論』, 北京, 中華書局.

高麗大學校民族文化研究所(1979), 『韓國文化史大系1』, 서울, 高大民族
     文化研究所出版部.

國史編纂委員會 編纂(1998), 『中國正史朝鮮傳』譯註四, 서울, 韓國人文
科學院.

國史編纂委員會, 『朝鮮王朝實錄』(1986), 影印縮刷本 44권, 서울, 탐구당.

權諰(1993), 影印標點 韓國文集叢刊 104 『炭翁集』, 서울, 民族文化推
進會.

權榘(1997), 韓國文集叢刊 188 『屛谷集』 서울, 民族文化推進會.

金宗瑞 外, 民族文化推進會 옮김(2004), 『高麗史節要』, 서울, 신서원.

盧思愼 等編(1985), 『新增東國輿地勝覽』, 서울, 明文堂.

民族文化推進會(1976), 古典國譯叢書 國譯 『東文選』VII 第92卷, 서울,
民族文化推進會.

民族文化推進會(1995), 古典國譯叢書 275, 國譯 『國朝寶鑑』VI, 서울,
民族文化推進會.

徐慶淳(1966), 古典國譯叢書 105, 國譯 『燕行錄選集』XI, 『夢經堂日史』,
서울, 民族文化推進會.

徐命膺(1996), 影印標點 韓國文集叢刊 223, 『保晚齋集』, 서울, 民族文
化推進會.

徐榮輔 · 沈象奎 撰進(1971), 古典國譯叢書 68, 國譯 『萬機要覽』II,
軍政編四, 서울, 民族文化推進會.

徐中舒 主編(1990), 『甲骨文字典』, 成都, 四川辭書出版社.

申景濬 著, 申宰休 編(1939), 『旅菴全書』 第三册, 京城, 新朝鮮社.

安鼎福(1979), 古典國譯叢書, 國譯 『東史綱目』IX, 서울, 民族文化推進會.

延世大學校 東方學研究所 纂(1972), 『高麗史』, 서울, 景仁文化社.

于省吾 主編(1999), 『甲骨文字詁林』, 台北, 中華書局.

李德懋(2000), 影印標點 韓國文集叢刊 257권, 『靑莊館全書』 서울, 民族
文化推進會.

李萬敷(1996), 韓國文集叢刊 179, 『息山集』별집, 권4, 서울, 民族文化
推進會.

李穡 지음, 임정기 옮김(2000), 國譯 『牧隱集』1, 民族文化推進會.

李澍田 主編(1981), 『長白叢書』, 長春, 吉林文史出版社.

一然(1983),『三國遺事』, 高麗大學校中央圖書館 圖書影印 第12號, 晚松文庫本, 서울, 旿晟社.

耳溪集 活字本 1843年刊, 原集 38권, 外集 12권 합 22책.

李瀷(1989).『星湖僿說』v.1, 고전국역총서 107, 서울, (주)민문고.

李重煥 지음, 이익성 옮김(2003),『擇里志』, 서울, (주)乙酉文化社.

李滉(1996), 影印標點 韓國文集叢刊 31『退溪集』Ⅲ, 서울, 民族文化推進會.

著者未詳(1966), 古典國譯叢書 103『燕行錄選集』Ⅸ, 서울, 民族文化推進會.

丁若鏞(1985), 國譯『茶山詩文集』6, 서울, 民族文化推進會.

丁若鏞(2002), 韓國文集叢刊 286,『與猶堂全書』Ⅵ, 서울, 民族文化推進會.

鄭在書 譯註(1985),『山海經』, 서울, 民音社.

趙曮(1975), 國譯『海行摠載』Ⅶ, 古典國譯叢書 84,『海槎日記』, 서울, 民族文化推進會.

趙炳舜 編(1986), 增修補註『三國史記』, 서울, 誠庵古書博物館.

朝鮮古書刊行會(大正 4年: 1915), 朝鮮群書大系續續 제21집『芝峯類說』上.

蔡之洪(1998), 韓國文集叢刊 205,『鳳巖集』, 서울, 民族文化推進會.

崔溥 지음, 서인범·주성지 옮김(2005),『漂海錄』, 서울, 한길사.

韓國學文獻研究所 編(1983), 全國地理志 3『東國輿地志』, 서울, 亞細亞文化社.

洪大容(1974), 古典國譯叢書 74 國譯『湛軒書』, 서울, 民族文化推進會.

洪世泰(1996), 影印標點 韓國文集叢刊 167,『柳下集』, 서울, 民族文化推進會.

洪良浩(2000), 韓國文集叢刊 242,『耳溪集』, 서울, 民族文化推進會.

【一般著書】

권동희(1998), 『지리이야기』, 서울, 한울.

권혁재(1993), 『한국지리』, 서울, 법문사.

권혁재(2005), 『지형학』, 서울, 법문사.

김기빈 편저(1996), 『역사와 지명』, 서울, 살림터.

김길남(1999), 『한 눈에 보이는 한국지리』, 인천, 내일을 여는 책.

김지남 외(1998), 『조선시대 선비들의 白頭山답사기』, 서울, 혜안.

김창협 외(1997), 『명산답사기』, 서울, 솔출판사.

노웅희 · 박병석,(2004), 『교실밖 지리여행』, 서울, 사계절.

백두대간의 개념복원과 관리방향 모색을 위한 심포지움 자료집(1999),
　　　　서울, 국토연구원 · 녹색 연합.

산림청(2006), 『백두대간 백서』, 대전, 산림청.

세종대왕기념사업회(1981), 『세종장헌대왕실록지리지』, 서울, 세종대
　　　　왕기념사업회.

申景濬 지음, 박용수 해설(1990), 『산경표』, 서울, 푸른산.

심혜숙(1997), 『白頭山』, 서울, 대원사.

王季平 主編(1989), 『長白山志』, 長春市, 吉林文史出版社出版.

오상학(2005), 『고지도』, 서울, 국립중앙박물관.

원경렬(1991), 『대동여지도의 연구』, 서울, 성지문화사.

유충걸, 심혜숙(1993), 『白頭山과 연변조선족 - 지리적연구』, 서울,
　　　　백산출판사.

이영노 편(1991), 『白頭山의 꽃』, 서울, 한길사.

이은봉 엮음(1986), 『檀君神話硏究』, 金廷鶴 「檀君說話와 토테미즘」,
　　　　서울, 온누리.

이찬(1991), 『한국의 古地圖』, 서울, 범우사.

정약용(1814), 『대동수경』강서영 외 譯(1962), 북한과학원출판사(2001),
　　　　서울, 여강출판사.

제29차 세계지리학대회조직위원회(2000), 『한국지리』, 서울, 교학사.

차종환(1998), 『白頭山 식물생태 현지답사여행』, 서울, 예문당.

최남선(1989), 『白頭山觀參記』, 서울, 조선일보사.

한국문원편집실 엮음(1995), (분단 50년)북한을 가다 2 『백두산·칠
보산』, 서울, 한국문원.

한영우 외(1999), 『우리 옛 지도와 그 아름다움』, 서울, 효형출판.

Richard T, T, Forman 홍선기·김동엽(2002), 『토지 모자이크 지역
및 경관생태학』, 서울, 성균관대학교 출판부.

【論文】

양보경(1992), 『申景濬의 『山水考』와 『山經表』』토지연구제3권 제3호,
서울, 한국토지개발공사.

양보경(1994), 『조선시대의 자연인식체계』, 『韓國史市民講座』 제14집,
서울, 一潮閣.

양보경(1997), 『조선시대 백두대간 개념의 형성』, 진단학보, 제83호,
서울, 진단학회.

金永炫(1993), 『炭翁 權諰의 硏究 - 禮學과 經世觀을 中心으로』, 忠南
大學校 博士學位論文.

박민(1996), 『우리나라 산맥의 분류체계 및 명칭의 변천』, 고려대학교
대학원 석사학위논문.

장성규 ────────────────────────────────

서울 출생
1984년 한국외국어대학교 졸업
1995년 미국 삼라한의대 석사
1998년 미국 YUIN대학교 한의학박사과정 수료
2006년 공주대학교 지리정보학과 석사
2008년 공주대학교 지리정보학과 박사과정 수료 예정

백두대간의 역사

초판인쇄 | 2008년 12월 10일
초판발행 | 2008년 12월 10일

지은이 | 장성규
펴낸이 | 채종준
펴낸곳 | 한국학술정보㈜
주　소 | 경기도 파주시 교하읍 문발리 513-5 파주출판문화정보산업단지
전　화 | 031) 908-3181(대표)
팩　스 | 031) 908-3189
홈페이지 | http://www.kstudy.com
E-mail | 출판사업부　publish@kstudy.com

등　록 | 제일산-115호(2000. 6. 19)
가　격 | 13,000원

ISBN　978-89-534-7957-9　93380 (Paper Book)
　　　　978-89-534-7958-6　98380 (e-Book)